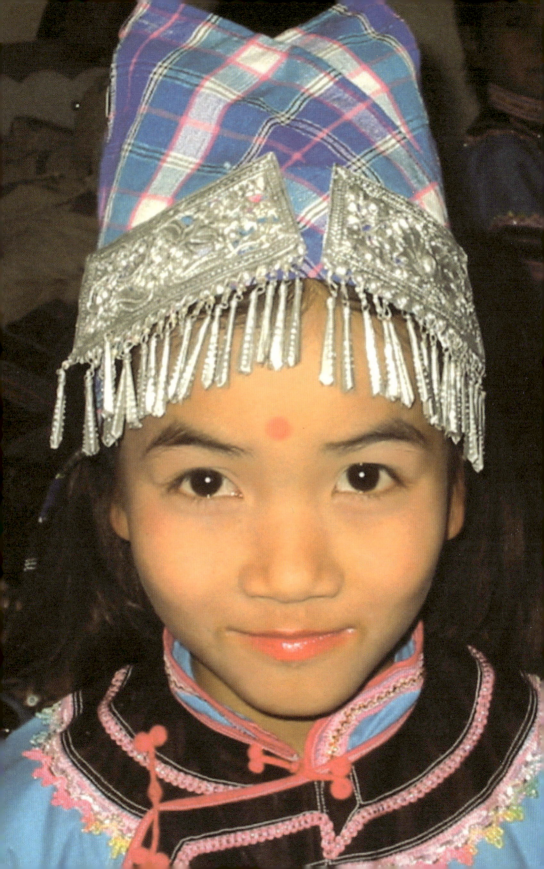

项目团队成员：张和清、杨锡聪、黄亚军、娄碧伟、刘庆伟、欧阳令芝

妇女小组成员：熊海英、岑利琴、王美兰、熊美孝、李金凤、董莲芬、王金莲、董美香、李兰芬、董丽花、李方珍、刘莲菊

幸福像花一样

一份中国农村文化、妇女与发展的实践记录

古学斌 著

北京大学出版社
PEKING UNIVERSITY PRESS

鸣谢：

　　行动研究项目前三年由凯斯维克基金会资助，此后陆续得到香港RGC研究拨款（项目代码：POLYU 2099/02H），以及香港理工大学研究课题Production of Public Good and Recasting Rural Community: A Case Study of Collective Action in Villages of Three Provinces, PRC (项目代码:I-ZV93)的经费支持。

目 录

- 001　引　言
- 003　进　村
- 013　发展十字路口的平寨农民
- 023　文化、妇女与发展：能力建设和赋权的行动
- 095　行动研究的部分成果
- 106　结　语
- 107　参考书目
- 109　部分刺绣图案
- 120　部分设计产品
- 127　妇女小组成员

引 言

自2001年3月开始，香港理工大学应用社会科学系、云南大学社会工作学系和云南省师宗县政府一起在师宗县五龙乡一个叫"平寨"的行政村，推动一项名为"探索中国农村能力建设的灭贫模型——云南的个案研究"的行动研究。

当时，像中国其他农村一样，平寨村（后称"平寨"）正经历着后改革时期的巨大变迁。在主流发展主义意识形态指导下，农村的经济越发市场化，人们的生活方式也越发城市化，这一过程其实给农村带来了深重的影响，其表现为市场经济导致村民面临日益严重的生计问题，城市消费文化破坏了农村的传统文化，村民出现文化认同的危机。有见及此，我们寻索着如何回应村民在生计方面的要求，同时探索能让农村经济发展变得永续（sustainable）的道路。我们最后决定应该将经济和文化结合起来推动一个新的项目。

在2005年，根据前5年累积的失败经验，同时受到公平贸易发展理念的启发，我们启动了另一项名为"设计与发展"的新的行动研究，试图挖掘本土的传统文化和开发手工艺产品，一方面使得在地妇女能够改善生计，另一方面也能保护和再生在地传统文化。这是第一次跨学科和跨专业的合作研究，希望专业设计师能够给我们意见和指导，学习如何利用当地材料和本土手工艺来打造富有民族特色的手工艺产品；通过公平贸易的途径，让妇女能够得到合理的报酬；同时，透过经济的赋权达到性别和文化的赋权。

这个妇女手工艺项目只是我们在平寨11年工作中的一个小片段，执笔书写之际，我借此机会感谢愿意接待我们的平寨人，支持我们工作的师宗县政府以及香港理工大学的阮曾媛琪教授和麦萍施教授；也感谢曾经一起在这村落努力奋斗过的众伙伴，包括已经离开人间的第一个工作人员朱浩，以及向荣、杨静、刘静、洪蓓、张扬、小莫、刘庆伟、亚军、小娄、欧阳等人；更加感谢11年来一路风雨同行的战友杨锡聪和张和清。

进 村

2001年3月，我们第一次走进平寨，当时是为了寻找我们与北京大学合办的社会工作硕士课程的农村社会工作实习点。[1] 春季的平寨是美丽的，我们刚踏进这个寨子的时候，就被它那满山黄色油菜花的景色迷住了，忘却了一天车程的颠簸劳顿。

平寨位于中国西南地区云南省的东北部。它大约有三百年的历史，是一个由8个自然村寨组成的行政村，面积约二十三平方公里。村子只有一条机耕路通往外界。村子里的居民主要是中国政府界定的"壮族少数民族"[2]，也有少数的汉族。根据2000年的人口普查，村寨的生活水平还不能完全达到温饱水平，依旧挣扎在贫困线上，所以被官方划为贫困村。一般情况下，每年约超过20户人家缺粮4到6个月。根据平寨2006年8月提供的数据，大概有16户人家（约44人）是贫困户，可免交所有的农业税。此外，还有62户（约285人）是严重的贫困户，需要领取国家的粮食救济。在访谈中，我们发现很多村民，尤其是在山上的两个汉族村，由于土地不足和贫瘠，不得不借高利贷买粮度日。很多孩子也因为家庭贫困而失去了上学的机会。鉴于平寨是县里最贫困的村子之一，当地政府采取了三项本土政策——"冬季农业开发""产业结构调整"和"高科技农作物推广"——作为灭贫的重要策略。

平寨在经济上虽然贫困，然而它依然是美丽的。凤岚河从平寨穿流而过，这条河流过的地方称为槽区。凤岚河源于罗平县关羊洞，主要流经师宗平寨和鲁克村的6个少数民族村寨，

乘车进村

平寨自然风光

最后在便柳村注入珠江上游的南盘江。17公里长的河谷和两岸的大山组成一个槽区，槽区海拔在七八百米到近两千米之间，属于"立体气候"，是云南标准的"一山有四季，十里不同天"气候。河谷种着芭蕉等大叶植物，半山腰却变成温带常绿林，山顶则种植着很多耐寒的云南松和沙树。

平寨由老寨、中寨、蚌帮、花嘎、板台、末社、小水井、红石岩等8个寨子（自然村）组成，小水井、红石岩村居住着汉族，其他寨子都是壮族。全村大约共有361户，1506人，85%都是壮族。全村有水田39公顷，旱地52公顷。平寨的壮族人口最多，自古以来，虽然平寨壮族与周围的汉、苗、彝等民族因为地势、山林和经济差异等有过历史隔阂，但大多数时候各民族相处得都很好。

这村虽然叫平寨，平地却很少，只有红艳坝子的300亩田最优良，这全靠"三面光"沟渠灌溉。村民告诉我们坝子的水田自从有了沟渠灌溉，正常年景下，种一季可以吃三年。老寨、中寨、蚌帮、花嘎、板台5个寨子就围绕在坝子周围，村委会、中心小学、"中心点"（我们和村民一起盖的文化教育活动中心）都坐落在凤岚河边。从村委会到五洛河乡赶集要走13公里山路。未社村离乡上最近，红石岩和小水井村距离五洛河最远。

平寨凤岚河的两岸是一座座秀美的乳峰山。北边有美丽的先弓山，山对面有一片青翠的大榕树，树丛中有一眼涌泉，泉水汇成了碧绿的大龙潭，龙潭水流向凤岚河，河上筑起了几道滚水坝，灌溉着数百亩良田；西边的山峰绵延几十里，是壮族神山——南丹山。南边的绿荫山是平寨人的保护神山，神山脚下汇成了一池碧水，叫绿荫潭，绿荫山与水相连，倒影成趣，放牛娃和他们的牛经常在池塘里玩水。绿荫山脚下还有老虎张口洞，远远望去，巨石就像一只老虎正往山崖下跳。东北边的红石岩脚下有个天生的"猴子桥"，与其相距百米是"夫妻石"。围绕着这些自然风景，这里流传着美丽的爱情故事。在最高的岩石上还有观阳洞，神秘的洞穴还吸引了云南省地质队员进洞考察。

平寨的老人和壮年人都擅长唱小调（当地的民歌）。为了表达感情，他们随口就能编唱小调。我们刚进村时，他们就常为我们唱小调。以下就是一首反映美丽平寨的一首小调：

平寨风光真正好
四周环抱河水绕
美女上下有美女
凤岚河畔有勇士

平寨妇女劳作场面

东雷瀑布真奇观
龙潭的水清又清
红观瀑布真美妙
游鱼瀑布有游鱼
仙人桥上有水槽
二槽人民多勤劳
山清水秀人欢笑

(岑炳兴)

山清水秀的平寨

平寨山美水清，养育了美丽的平寨妇女。平寨妇女心灵手巧，年长的几乎每个人都会织布和刺绣。妇女一般白天做完农活以后，或节日不用上山的时候，就留在家中绕线、织布、绣花、做挎包、做大衣裳(上衣)。听老人说，过去妇女一般是自己种棉花，然后纺线、织布，最后制成衣物。现在妇女已经不再种棉花了，她们首先从集市上买来织布用的各色棉线，然后邀约村邻、姐妹们一起排线，再把线安装到织布机上，用手工织成各种用途的布料。妇女一般将上衣的布料拿到传统的染坊去染色（也有妇女自己找植物染色），经过裁剪、缝制和绣花等，最后制作成具有民族特色的服饰和日用品。

我们刚进村的时候，一眼就被平寨妇女色彩灿烂的刺绣和传统服装吸引住了。我们这些外人都会忍不住赞叹一声："好漂亮哦！"然而，妇女都害羞地说："不好看，太土了！"是吗？太土了吗？许多年轻的妇女的确已经越来越不喜欢穿传统服装，更多的年青一代已经不会刺绣了。在她们眼中，这些传统的手艺没什么价值。因不能带来什么经济收益，她们也不愿意再花太多力气去学习了。对于我们这些外来人而言，当时就有一种很纳闷的感觉。为何我们走到中国许多的少数民族地区，村民都是这样的态度看待自己的传统文化呢？是谦虚？还是不认同？

文化是社区生活的基石，是一个民族的标志，也是凝聚社区团结的力量。它承托着整个社区的有机生命，维系着社区内部人与人之间的交往与互动。它是社群中人们相互拥有和享用的一种生活方式与日常生活实践，是在母子、夫妻、兄弟姊妹及邻里、友朋的社会关系等感知（feeling）基础上的集体创发与积累而形成的，是真实与有机生活（real and organic life）

在"生命世界"(Lebenswelt)上的体现,也就是文化研究一代宗师雷蒙德·威廉姆斯(Raymond Williams)所说的,是真实人群每日生活经年累月互动与投注(invest)的成果。[3] 然而,在现代化发展的冲击下,许多社区的传统文化都面临消失的危机。

在平寨的11年里,我们见证了村里传统文化和手艺正在一步步丢失。我们看到村民看不起自己,看不起自己族群的文化;又看到一批批的青年人,渴望着离开自己的社区——那养育自己的村庄。他们有的出走之后,就再不愿意回到村里。就算回来,也是带着外人的眼光来看自己的家乡。嘲弄自己社区的传统文化,接受别人赋予自己的身份标签来否定自己的文化身份,这听起来是多么的讽刺和令人心酸。最后的灾难结果恐怕就是他们慢慢地被同化,他们的文化被侵蚀而慢慢地消失,整个社区被瓦解。在这种发展主义文化不断生产和再生产的过程中,大部分中国农民已接受别人为他们建构的形象,自我否定、自我矮化(古学斌,2003)。今天,当我们不断在提倡扶贫灭贫、农村发展的时候,如果我们不去反省发展主义的论

诘,重新发掘、保护和肯定农民社会及其文化,让农民群体寻回自己的价值和能力,进而成为有历史自觉、文化自尊和社区自信的群体的话,一切发展的结果只会是再度否定农民社会、少数民族社区,强化农民的边缘性。如何建立村民的文化自信和自尊?如何通过经济赋权达到文化赋权?我们必须深刻理解他们困境的根源。

[1] 2000年香港理工大学与北京大学合办中国社会工作硕士课程,致力推动中国社会工作教育的发展。社会工作基本上是外来学科,其是在西方和城市的脉络下建立的。但社会工作专业要在中国落地生根,必须走本土化的道路。当年阮太(前系主任阮曾媛琪教授)就授命我们去推动农村社会工作,因为中国的大多数人口都在农村,农村的问题也是中国的核心问题。

[2] 平寨的壮族都自称为"沙族",说1978年前他们被称为"沙族"。

[3] Tönnies, Ferdinand, *Community & Society*, New Brunswick, N.J.: Transaction Publishers (Translation of Gemeinschaft und Gesellschaft) ,1988. Williams, Raymond, *Keywords: A Vocabulary of Culture and Society*, London: Fontana Paperbacks, 1983.

水田

旧屋

发展十字路口的平寨农民

2001年进村的路跟今天的路似乎没有太多改变，路面崎岖凹凸，是中国西部偏远山区那种标准难走和危险的路。平寨三面环山，当初山上的植被还很茂盛，看上去郁郁葱葱。今天平寨的森林备受破坏，每次进出平寨的路上可看到大卡车满载着山上砍下来的树，也不断有村民用骡子驮着树木往乡上的方向走。听说政府是禁止砍伐树木的，也听说有的村民因为砍树被罚款或抓去坐牢。尽管如此，似乎砍树的势头并没有停止。一车车的空车进来，一车车的树木被驮走，村民可以犯险伐树，这背后意味着什么呢？

扎在平寨的11年里，我们发现村民事实上被困在现代化的十字路口。在后改革开放的时期，农村人口外出越来越频繁，外出的背后有不同的考量：许多村民离乡别井到城里打工是为了赚钱；年轻的却是希望努力读书考上城里的中学或大学，从此可以改变自己的身份。平寨不再是封闭的山区乡村，特别是随着政府的"村村通"政策实施，电器和电信下乡，村民与媒体、外界的交流更加频繁。他们暴露在现代世界的消费浪潮中，受到都市文化的冲击。这11年间，我们见证了村民思维方式和生活方式的改变，但是这些改变并没有为他们带来生活的真正改善，反而带来了种种困境，最明显的就是贫困的再造和文化认同的危机。

现代农业科技与传统农业的消逝

在过去，平寨村民基本上是自给自足的，他们种自己的田、

平寨村民的生活

喂养自己家的牲畜、建造自己的房子和纺织自己的服装。他们的生存技能一代代相传，靠着上一代传下来的生活智慧，他们基本上满足了生存的需求。可是，在农业现代化过程中，他们的传统智慧受到了严峻的挑战。

现代农业的其中一个特征就是农业必须直面市场经济，农民不再能够自给自足。他们的生产资料包括种子、化肥和农药都要依赖现金和市场。当地政府在过去11年间不断地推动农业产业化，强行推动村民大规模种植商品作物。[1]可是，这些外部引入的技术和当地政府强制执行的生产计划并没有帮助农民增加收入，反而使农民变得更加贫穷。举例来说，几年前，当地政府鼓励村民种姜作为经济作物来增加收入。因为姜只生长在没有开垦过的土地上，村民只能在山地开荒种姜，结果严重破坏了整个山坡的土壤，带来了严重的泥土流失问题。更糟糕的是，因为姜的过度供应，市场上姜的价格每年都在暴跌，村民得不偿失，亏本之余也破坏了自己赖以生存的环境。为了增产和获利，村民选择了农业新科技，然而农药化肥和新种子的使用也使得村民对现金严重依赖，同时，化肥农药的大量使用也破坏了土壤和环境。市场的不确定，增产不增收，使村民对农业生产失去了信心，因为他们无法控制价格，无法通过农业生产来改善生活。

一位老农民伤心地说道：

> 我们从来没想到种了一辈子地之后，突然发现不知道怎么去种庄稼了。这些年不论我们怎么种，都没办法赚到钱。

结果，很多村民只能放弃农业到外面闯世界，村里的男性几乎要么到附近私营矿井挖矿，要么到沿海打工。妇女也一样，要么到城里卖工，要么到沿海打工。对妇女来讲，离乡背井是不情愿的。

有一个妇女就告诉我们：

> 如果一年能够挣到三四千块，我就不出去了。这样，孩子的教育可以解决，我们辛苦点种种地也不会饿死。但现在种地挣不了钱，我宁愿出去找份另外的工作，这样，至少不用待在家里只吃饭却没有收入。我什么都不懂，刺绣也不能帮我赚足够的钱来帮补家计。

现代消费与贫困再造

在新的市场经济影响之下，现代消费主义也渗透到中国农村，特别是在2008年金融海啸之后，农村更加成为扩大内需的潜力消费市场。在消费潮流的影响下，拥有一些所谓的现代生活物品代表了时髦和"幸福"。为了追求新界定的"幸福生活"，村民渴望电视、电子产品、现代家具、皮鞋和时髦衣服。这些渴望必须用现金来兑现，这样村民对现金的依赖愈来愈重，很多时候他们一年到头努力工作，也不过是为了能够买一台彩电或一辆摩托车。

除了这些消费品，村民的现金开销也越来越大，例如之前提到的孩子的教育费用，还有医疗费用、电费水费以及化肥、农药、现代服饰花销等。这些日益增长的开支把村民压得喘不过气来，因为靠农业生产根本无法增加村民的收入，结果外出打工变成唯一道路。

平寨妇女的手工绣品

平寨的农资商店

平寨的孩子们

作为帮助他们的孩子脱贫并离开农村过上"幸福"生活的一条道路，教育变成一个非常重要的选择，但由此，学校的费用和学习材料的花销也成了村民一项巨大的经济压力。尽管政府宣称提供9年免费教育，但每年村里的学生还是要交上许多种杂费。如果孩子有幸考上大学，那父母兄弟姐妹可能需要通通外出打工，这样才能供得起一个大学生。我们在村里认识的一位妇女，因为女儿上了师范，结果夫妻俩只能跑到广东化妆品厂打工。一年下来，妻子得了严重的肺病，但仍不愿意回乡。后来，听说她的女儿也没把书读完。

当欲望/念头与残酷现实之间的鸿沟不断拉大时，村民的一种无助感就会越来越明显。当村民试图改良耕种方式并学着使用当地政府引入的现代技术来种植经济作物时，他们的生活水平并没有提高，日子依旧像过去一样贫穷，甚至越过越"苦"。这种"苦"并不完全是物质上的，当村民靠农业生产来实现他们想象的理想时，却是越来越困难，一种生活的匮乏、无助和无能感常常涌现在村民心中，信心的低落使得他们对发展失去了方向。

现代生活方式与文化认同危机

在过去，外面的世界对村民并没有多大影响，因为村民除了到乡上赶集，很少外出。当地的文化，比如服饰、语言和生活习惯都是一代传一代。但是，改革时期的中国村庄不再对外界封闭，除了现代技术对农村的冲击巨大之外，消费浪潮同样在很大程度上改变了村民的思维和生活方式，强化了村民的文化认同危机。另外，村民的外出和上学、乡上的旅游开发等，都打破了过去的宁静，改变了平寨村民的生活方式和观念。在村里，我们能

驭牛犁地

晾晒衣物

看到传统文化被外界的"现代"文化"入侵"的现象。

政府着意打造的"村村通"电器工程,使得村民可以放眼都市和世界。电视上所显示的并根植于主流话语的所谓"现代"和"先进"生活方式,可以说给村民带来了鲜活的对照物。村民以为都市的生活方式才叫"好""幸福",反观自身的村落,许多村民认定是"落后""贫困"和"不好"的。特别是年轻人,他们正在积极地脱离自己的传统和撇弃自己族群的文化,希望重新通过自我改造,变成一个都市人(Ku, 2003;严海蓉,2000)。

记得当初我们进入平寨时,每天吃完晚饭后,男男女女都

| 发展十字路口的平寨农民 |

会聚集在支书的门前空地上,他们谈论外面打工的故事、城市里的高楼大厦,一起讨论新手机、香港和台湾的电影与流行歌曲。一些年轻人会互相炫耀他们的时尚,年轻人都穿上了T-Shirt和牛仔裤,一个个都染黄了头发。他们向往城市生活,并且他们当中许多人相信幸福的生活意味着城市中的便捷生活。每次问他们自己家乡如何时,他们都会说家乡很落后、很脏、生活很不方便等等负面的东西。

传统习俗也在不断地丢失。譬如说,壮族小调曾经是壮族人表达生活态度和抒发情感(抑或是情侣间彼此表达爱慕)的方式。如今,小调已几乎听不到,取而代之的是港台流行歌曲。很多年轻人崇拜港台的明星,把他们的海报粘贴在自己的屋子里。我们还看到村里的年轻小伙子已经很多年没穿传统服饰,那些小姑娘也因为外出读书,现在很少穿传统服装。在这些年轻人看来,小调不好听,传统服装不好看。他们看不起依然穿传统服饰的村民,甚至嘲笑有些人不会讲普通话。他们认为这些是落后和愚昧的象征。相反,外界的流行音乐和时尚的服装,代表着先进和现代。

村民盲目崇拜现代文化,他们也不认同自身的本土文化。然而,族群和文化的印记却挥之不去。当他们到城市打工的时候依然被城里人瞧不起,在城里他们自尊感很低,也没有自信。他们希望能够通过打工赚钱来改变自己的命运,但这其实只是一种迷思。[2] 就像一个村民告诉我们:

之前我以为在城里工作生活可能会容易些,结果却是比在田地里干活更苦、更累。老板实在太坏，我们干了工作他却不付报酬。我在广西干了5个月，没有得到一分钱。我经常饿肚子，但是当我问老板要钱时，他就变得很凶。我失去了工作，并从南宁一路乞讨回到了家乡。

由于无法跟上城市激烈的竞争节奏，或者全球金融危机后工厂的倒闭，大部分出去打工的村民周期性地被迫返回村中。可是回到家乡，他们的心思已经不放在农活上了。相反，每天无所事事，依然迷恋于追求城市生活的样式。但是，由于缺乏实现欲望/梦想的手段和途径，在他们心灵深处有一种失落和匮乏感。男孩子为了保住自己的一点自尊和骄傲，常常在年轻女孩子面前炫耀自己的"时髦"和"见识"，以掩饰失落和不自信。

对自身文化的否定和对现代文化的盲目追求，使村民陷入一种文化认同的危机：在村里呆不下去，在城里也呆不下去，处于一种精神上的漂泊状态，无法找到合适的定位。这一切对于农村发展来说都是不利的，我们希望能找到一种发展途径：一方面能保护在地社区的传统文化，另一方面可以加强在地民众的文化自信，并能够达到经济赋权的目标。

---

[1] 可以参阅古学斌、张和清和杨锡聪的文章《地方国家、经济干预和农村贫困：一个中国西南村落的个案分析》（2004）。

[2] 打工者的生涯可以参阅潘毅的书 *Made in China*(Pun,2005)。消费主义对农民工的冲击可以参阅潘毅的"Subsumption or Consumption? The Phantom of Consumer Revolution in Globalizing China"（2003）。

文化、妇女与发展：
能力建设和赋权的行动

根据国际劳工组织的报告，世界上5亿5千万的穷困劳动者中有60%是妇女，妇女做的无薪工作是男性的两倍。她们代表了世界兼职和非正式部门工作者中的绝大多数，失业率也比男性高出许多（International Labour Organization, 2006），因此妇女与发展是很多发展机构的主要工作内容。

像世界上其他地区的妇女一样，平寨妇女正在经历着贫困。为了增加家庭的收入，她们从早忙到晚，还是无法应付家庭日增的开支。自2005年开始，我们就发现村里越来越多的妇女追随农村外出打工的浪潮，去煤矿或城市的工厂里打工。她们实际上并不希望离开家乡，就像一位中年妇女告诉我们的那样：

> 我实在不想去，如果我在村子里能挣个几千块钱来支付我孩子的学费，我就不会去。离家真让人伤心。

平寨妇女承受了抚养下一代这一最重要的责任，她们的每一分钱都花在家庭及孩子的教育上。她们还是家庭中的情感支持者和照顾者。母亲被迫与孩子分开，远离家乡到城市里干活实在是一件让人悲伤的事情。也因着母亲的离开，没有人照顾老人和孩子，这些家庭经常发生悲剧。即使是年纪大点的孩子也常告诉我们，他们十分挂念母亲，只能在母亲一年一次回家过农历新年的时候看到她。作为农村社会工作者，在村子里看到这些景象，我们不断思索该如何回应妇女的需要。我们前后尝试了不同的增收项目（例如养猪）来帮助中年妇女增加收入，希望透过经济的赋权达到文化和性别的赋权。

我们的整个项目构思是，采用行动研究方法作为农村社会工作的一种行动策略。行动研究有别于传统社会科学的研究，它不是一个研究者对行动者行动的研究，也不全然作为一种学术探究的研究方法，它是致力寻求改变的一种方法（夏林清，1993）。行动研究的目标非常清晰，那就是要通过研究的过程，产生社会变化从而打破社会压迫、消除社会不平等、促成公平正义的社会理想；要达到这些理想，行动研究的过程更强调向民众学习，做增权/赋权/培力（empowerment）的工作；在知识生产的层面更要产出批判性知识（费雷勒，2003）。

平寨壮族女童

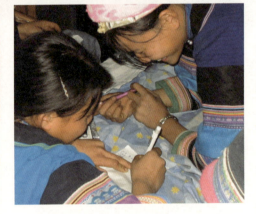

与平寨的少数民族妇女在一起

我们的行动研究强调的是参与式的方法。所谓参与式，那就是研究者尽量转换自己的角色成为行动过程的协调者（facilitators），致力于制造空间让在地民众成为研究的伙伴(partners)和研究者（co-researchers）。我们必须服务在地的民众，让在地的民众参与项目的每个步骤，包括资料如何收集、分析以及最后的资料传播和使用。所以在这个项目中，我们希望妇女一起操控整个研究过程，成为我们一同前进的伙伴，最后她们能成为项目的主体（subject）。

要使妇女成为真正的参与者，需要培育和陪伴。培育是希望通过一系列的培训和教育，妇女意识能够得到提升和转化，发现她们自己的力量和能力，然后愿意主动地行动来改变自己的命运。陪伴是我们对自身的期许，因为"变"不是一朝一日的事，我们常常因为看不到妇女的改变和行动而容易灰心，所以我们需要用更多的耐心和毅力与在地民众一起去寻找改变的空间，一起去实践我们和她们的梦想。我们必须学会聆听，让参与者真正能够发声，界定自己对现实的理解，掌控行动研究的过程（Ku, 2011）。

我们的团队主要由人类学者和社会工作者组成。我们都持守着一种共同的视角，那就是社区民众的能力和资产建设（capacity and assets building）。能力建设的视角背后是相信在地社区的民众（包括贫困边缘群体）都拥有她们自身的能力，只是这些能力常常被隐没和未被发现（Saleebey,1997; Sherraden,1991; Tice, 2005; Templeman, 2005; Ku, 2011）。资产和能力建设的框架帮助我们从优势视角看待在地社区，看到的是其隐藏的各种资产和力量，而不是盯住他们的缺陷、问题和无能（Ginsberg, 2005; Lohmann, 2005; Collier, 2006）[1]，就像斯科尔斯（Scales）和斯惴特(Streeter)指出的那样，农村社会工作者的角色是去揭示和重新确定人们的能力、天赋、生存策略和激情，以及社区的资产和资源（Scales & Streeter, 2005）。所以我们的角色就是致力于赋权农村社区，以创新的方式发掘和利用在地资源，创造出新的资产，协助民众寻找和决定自己社区发展的方向。在平寨，我们认识到这个社区有丰富的文化资产，妇女刺绣手工艺就是其中之一。我们决定透过推动妇女手工艺项目来建设妇女能力，透过增加她们的收入，来保存村民的文化认同。以下部分是我们走过的一些历程。当中，发掘和提升社区能力是我们的首要任务。我们希望通过个人和社区的能力建设，达致社区的变革。我们也认识到能力建设意味着对人及其组织的长期投入，所以从2005年起，我们开始发展妇女刺绣小组，并陪伴她们走到了今天。

以下是这个项目的几个重要阶段。

口述见证（oral testimony）与手工艺文化涵义的发掘

项目一开始，我们把工作重点放在发掘传统刺绣手工艺的文化意义上。因为我们知道，只有明白了刺绣手工艺与妇女生活的关系，我们才懂得去欣赏她们的手工艺及其背后的文化。

在方法上，我们选取了口述见证(oral testimony),口述见证是推动社区参与发展的另类手法，也是一种另类的参与式农村需求

田野调查

田野调查

评价（Participatory Rural Appraisal）手法。它可以帮助我们收集资料。通过口述的方法，我们还可以聆听到超越主流话语之外的声音，发掘那些在社区被压制或者隐藏的问题。更重要的是，口述见证也是社区弱势赋权的手法，因为它提供了一种路径，让边缘的民众自己发声，讲述自己的故事和见解，通过叙述自身生活经验过程来召唤被遗忘的主体。口述故事也能帮助我们发现和理解社区共同拥有的一些经验和智慧，从而帮助我们更好地利用社区的资源来重建社区。[2]

口述故事的收集也是社区民众发动和参与的途径，我们所在的少数民族社区，民众大部分不会汉语，因此口述见证是民众最能掌控和运用的手法。面对语言的障碍[3]，我们也只能邀请民众一起参与故事的收集，这样才能够完成这项工作。口述见证方法的采用同时转化了我们与村民的角色，使得村民成为行动研究中的主体，掌控故事收集的过程。2001年，我们曾在社区做过一次大规模的口述故事收集，并且与村民一起编写了《平寨故事》一书。2005年我们再次做妇女手工艺的口述时，一切显得驾轻就熟。我们和社区的妇女一起，在不同的寨子访问老年妇女。老人家给我们讲述了自己的生活故事，她们一生为生存打拼，虽然劳苦，但也有自己的生存策略和智慧。她们还告诉我们关于刺绣和手工艺的历史，讲述她们如何纺线织布，如何绣花，如何自己制作衣服等。在老人的房间里，还保留着织布机和纺线的工具等，她们还会给我们示范相关手工艺。在半年的口述收集之后，我们基本能把握过去平寨妇女手工艺制作的整个生产过程，以及这些手工艺背后的文化意义。

在平寨，所有针线活中用的布料都是由她们自己纺织的。老人告诉我们，以前"沙人"身上穿戴的和家里铺盖的都是依靠自家种棉花，由妇女纺织、裁剪、缝制而成。那时候家家户户都要挖几片棉地，每年"三月三"下种，精耕细作，收获棉花。家家都有轧花机、弹花弓、纺织机、绕线架、架线车、织布机等。在老人的记忆中，种棉花是一件非常辛苦的活计，从涮地（除草）到收获要整整忙碌一年。许多老年妇女还能清晰地讲述出一年的种棉过程：

农历7月	平整土地，除去杂草
农历8月	晒草
农历9月	烧草烧地
农历10月	烧树等大植物
农历11月	挖地
农历12月	敲地（将大块的土敲碎）
农历正月	晒粪，积肥
农历2月	将粪挑到地头，清理排水沟
农历"三月三"	种棉的好日子，上山点种，回家染花饭过"三月三"节
农历3月中旬	破种（大面积种植），各家要换工，2~3人挖塘，1人播种，1人放粪
农历4月	除草
农历5月	拔去过密的棉花苗，留下粗壮的
农历6月	涮田埂（把地边上的草除掉）
农历7月	开收（收得较少）
农历8月	正式收获（边收边拿回家晒）

可是后来由于土地不够，平寨已经很久不种棉花了。现在织布的线都是从市场上买来的。

平寨妇女在纺织棉线

从种棉花到织出布匹，然后到染布还需要很多的工作。我们坐在老人旁边，细细地听她们为我们讲述纺、织、染等一道道的工序，讲棉花怎样一步步变成可用的布匹：

第一道工序	晒，连棉籽带花都要晒干。
第二道工序	用木制的特殊工具将棉籽去掉。
第三道工序	将地扫干净铺上草席弹棉花（20世纪80年代前采用人工弹棉花，之后开始出现铁制弹棉机）。
第四道工序	用两块木板夹住棉花，中间用一根木棍将棉条一边用手拿住，一边滚粘到木棍上，作成一个个棉花棒，准备纺线时使用（这道工序妇女非常辛苦，一般要干到夜晚十一二点钟）。
第五道工序	用木制纺车纺线。
第六道工序	把纺好的线球绑成一束一束的。
第七道工序	把一束束线放入大锅里煮，然后捞起来晒干，这样可以使线更加坚韧。
第八道工序	上胶。把线放入煮好的特殊植物汤里用手揉搓，再捞起来晒干。
第九道工序	染线。把上胶的线放入煮好的各色植物汤里用手揉搓，再泡1~2小时，就染成了七彩线。
第十道工序	滚线球。用竹筒将一束束线滚成一锭一锭的。
第十一道工序	拉线。根据计划的长度（2~30丈），一个竹筒一根线。用另一个竹工具一次穿十多根，一头用木桩固定竹筒，另一头用木滚筒收紧，这样就形成了布的经线。
第十二道工序	梳理线。用织机上的一些工具整理拉好线，将上下左右搭错的线梳理成整齐的一排，以备织布。
第十三道工序	织布。用织机织，一个人8小时只能织3~4排。
第十四道工序	再一次上胶。
第十五道工序	给布染色。
第十六道工序	再滚一次，用石头压住在木滚筒上滚，滚出后布更细密发亮。即为成品。

她们纺自己的布和纱，用天然的矿物和植物染布，制作颜色丰富多彩的衣裳和装饰。平寨壮族穿的衣服主要以蓝、黑色为主，这些颜色也是用天然的植物染料，她们每年需要满山遍野地寻找这些植物。但老人告诉我们，这些植物越来越难找了。如果野生的植物不够用，她们也会在地里种蓝靛草用于染布。

关于染布，她们说每年秋冬季节，各家各户都要支起一口蓝靛缸染布，妇女非常辛苦地昼夜染布。蓝靛草可以染出深浅不同的蓝色，也可以染出黑色、紫色等，这些颜色要靠改变染布的次数和所放染料的量来控制颜色的深浅。蓝靛草染得少就成灰色（浅蓝）。个人手艺不同，染的品种也不一样。

织布是妇女辛勤劳动的一部分工作。老人说以前有许多织布歌，我们记录了以下两首：

织布歌

古人啊,古人
古猿谁来造古先
古先谁来造古人
古人造人类
人类作街市
市道一条条
一条分两边
一边卖百货
百货摆一条
一条卖锄斧
斧刀为农具
大吉日去买
买把钢刀价高贵
再贵也要买
买回来安把
下沟找磨石
磨得刀锋利
去山开荒地
开地七月起
起步要算草
砍草八月晒
晒到九月干
天干风和丽
趁气点火烧
烧草根不剩
只剩木楂
木楂待十月
十月捡楂烧
烧得草楂净

定于冬月挖
挖开待腊月
腊月寒霜降
大量把地敲
敲到三十晚
傍晚才回家
家家过老年
年头不松闲
新年过去了
杨柳叶发芽
农荷重压肩
正月间晒粪
论二月来挑
把粪挑上地
地里压粪好
好地种棉花
花驳陆色日
日吉三月三
三月三点种
当妈来选种
垄粪得由爸
拨塘子不停
下完种安宁
节令来得好
少雨风和气

气温催种地
安心待风气
四月里来好
棉种出得早
薅开龙爪草
让棉花开好
五月里来好
忙薅二道草
姑娘起得早
棉花孕宝宝
六月里来热
棉花棵绿黑
籽籽初变格
眼看要出色
七月里来秋
秋风吹地面
棉花籽正变
变白铺地面
八月里来秋
秋光明晃晃
照棉花开放
如同夜星晃
九月里来九
九九八十一
姐妹采花急

双手摘不移
移花放竹篮
篮比篮更尖
姐妹俩争光
先手挑重篮
篮棉堆满屋
屋前设晒台
台上晒棉花
边晒妈边夸
捡花分两样
特样为成品
成品自纺纱
当妈来纺线
市上有人买
有人买棉花
棉花有次品
次品上街卖
街上卖花轴
有轴配弓弦
卖弦弹棉花
松花朵如云
邻居找公公
老公做木板
胆花用木棍
木棍作心滚
滚棉做条条

请公调纺车
用纺车来纺
纺出丝线来
滚来成纱裹
生线可不牢
牢非渡高温
温和胶来上
上早去洗洗
洗洁要干晒
边晒妹也揉
揉线丝分散
慢转入筒裹
裹线用竹筒
裹成一筒筒
线裹入排筒
妹姐相共同
共同来协助
助手要入梭
把线拖长长
昂首人收藏[4]
藏妹睡不好
早起来清线
把线条分清
分清入高粉
抬上织布机
机子全部动

动手捏把倒　　白如蜘蛛网
倒梭去梭来　　往上找植物
两脚踩上下　　植物染成花
线路开得大　　花布要上胶
大量把线穿　　胶水用植物
穿织成布片　　在屋重压滚
布片白又白　　滚出布精细

（董朝清）

平寨妇女在织布

颂布歌

这块布不是一般的布

是妇女边走路边

手工纺线而织布

这块布不是简单的布

是男儿租田收集而来布

这块布不是易来的布

是妇女长年积累而来布

一日纺得一天线

一夜织得排把长

长期辛苦夜熬眼

脸皮黄得如病重

一生重担压在肩

千辛万苦传而来

还是心灵手巧在女方

(董朝清)

这些真是地方文化的精彩内容。学会这些小调,即使你从未见过种棉和织布,也会对它们多了一份了解和兴趣。

在老人的口述中,我们也看到了历史的变迁,她们的文化也不断被冲击和改变。如今以上的手艺也慢慢在丢失,她们仅仅从市场上购买带着不同颜色的棉线,然后近邻和亲戚一起帮忙拼线,用手工织布机纺织自己的七彩壮锦。虽然还有一些老人懂得用天然的花和草染布,但现在多数的妇女都直接用市场上买来的化学染料染布了。

在平寨妇女的口述中,也听到一些对于织布的负面言说。

传统的织布工具

特别是不断听到妇女（甚至男人）说，织布成为妇女沉重的生活负担。每一位女性，除了要负担繁重的家务和农活外，她们还要利用空闲的时间织"孝布"。所谓"孝布"就是白色的布，当家中老人去世的时候就会用上很多的"孝布"。当地还有一种"孝布越长越孝"的说法，妇女为了达到"孝顺"的标准，通常要每天不停地织布，等待家中老人老去日子的到来。但是因为这样，织布变成了妇女的"哀歌"。后来我们经过口述历史的深挖，发现"孝布越长越孝"并非"沙族"的传统，而是在经济改革之后，受外界浮夸的攀比文化影响才渐渐浮出的现象。[5]

平寨壮族衣着的颜色也是有讲究的。她们说，"沙人"的穿戴打扮都是由他们的造物神"布落驮"规定的。"布落驮"神穿着寿衣，头发披肩，他规定小孩的衣服要背带，男女小孩的帽子也不一样。"沙人"年龄不同，穿的衣服也不同。一般年龄大的穿深色，年轻的穿浅色。小姑娘的大衣裳一般为浅蓝色，中老年妇女大多穿深紫色。妇女的裤子一般是黑色的，如果染不好会变成蓝色，这个妇女就会被取笑。小伙子衣服的用布要纺得细，衣服染成蓝、黑色都可以，裤子是蓝色的，但包头一定要黑色，不能用其他颜色。小姑娘的衣服都要发亮，这样才能表示妇女的手艺好。男人的包头布还要钩成花边留着长线，这样才好看；妇女的包头布还要绣花，这样显得更加漂亮。

所以，除了织布染布，绣花也是妇女擅长的手艺之一。"沙人"的传统要求每个女孩子从小就要学习纺织和刺绣。要向老人家学习各种花样，也要加上自己发明的新花样。妇女做手工要多看，多相互学习和交流，自己躲起来绣是绣不出好花样的。同样的，在平寨她们也有绣花歌。

平寨的儿童

平寨的儿童

颂绣歌

绣艺高强是美女，你绣花边朵连朵
朵朵如同葫芦花，花开还定五月来
来到妹边随时见，见到妹绣荷花真入眼
斜眼偷看花之中，花中六色朵挨朵
朵朵花儿都鲜艳，愿你心灵比花红
盼望我能同妹在，恋爱情深配成双[6]

(董朝清)

妇女通常会在自己的衣服和日常用品（譬如鞋子、背篼等）上绣花。刺绣很不简单，也有好几个程序。首先要选线，以前她们都是用自染的线刺绣，现在都用从市场上买来的彩丝线绣；第二步是剪纸样。先想好要绣的花样，然后用纸剪好，再贴在布上，然后在上面刺绣。她们绣的图案大都是祖先流传下来的式样，会根据自己的爱好设计出新图案；第三步是按照纸样一针一针地绣。妇女大都是直接用手拿着布料绣，根据自己爱好搭配颜色，她们大都喜欢颜色鲜艳的图案。妇女普遍都说绣花是一件非常辛苦但很开心的活计，一般一个妇女要花一天的时间才能绣出一朵小花。

老人们常说："男耕为本，女织为灵"。平寨妇女把会织布、能绣花视为美德，心灵手巧的女孩子不仅被人高看一眼，而且成为男人们追求的对象。刺绣是妇女生活的重要部分，也是妇女引以为傲的手艺。

妇女琴就告诉了我们她自己的故事：

小时候看见大人绣花就很喜欢，我常常偷偷地拿着妈妈的剪刀上山放牛，边放牛边学着剪花，没有纸就用树叶剪，我会按照山上的花草剪啊剪……

另一位妇女琼也说道：

干完地里的活计和家务坐下来绣花是我最开心的时候，小时候为了学剪花，我把兄弟的课本都剪烂了。

平寨妇女刺绣的颜色和图案富有民族特色，手工也非常精致。以前平寨妇女绣的花样可以是动物、植物、花草、树木，偶尔也可以是绣房屋和人物等。现在主要是以花草图案为主。

妇女小组带头人凤告诉我们妇女只绣花儿的原因：

我们几乎不绣其他东西，像动物。原因是我们常常在山上看到花儿。我们几乎碰不到什么动物。之前山上的植物很多，所以我们记得的都是大自然的东西。我们有很多花的图案。妇女总是绣那些长在地里的四叶花。我们以前不用化肥，田里有很多。每当分地的时候我们就去找长这种野花的田地。每个人都争着要这样的地，因为长这种花的地肥沃。这种地里种稻米不用化肥也长得很好。但是，最近这些年花儿都被农药杀死，它们再也不长了。

精美的绣花图案

猫头鹰花：
这种猫头鹰花可以保护我们的庄稼。

四叶花：有四叶花开放的土地最肥沃

石榴花：
石榴好吃树难栽，美丽的石榴花我们最爱绣

螃蟹：如果螃蟹从石头里爬出来，
就要下大雨了，这时田里的活计一定要抓紧

就是这种花,我们叫它猫头鹰花。我们都绣这种花。这种猫头鹰花可以保护我们的庄稼。老鼠要来吃我们的庄稼,我们种这些花来保护谷子。所以这也是保护庄稼的花儿。

在心灵手巧的妇女手中,大自然中的花草树木、飞禽走兽都会变成七彩图案,这些精巧的花样,不仅非常美丽,而且图案背后还有深刻的含义,有的花样反映了土地和农事季节的变化,有的花样也表达了妇女对美好生活的向往。

在妇女刺绣的众多作品中,我们发现最华丽和最复杂的是背篼上的图案。背篼是妇女用来背孩子的背布,每个妇女都会为孩子精心绣制背篼,妇女将自己最好的手工绣在背篼上,每个背篼都有复杂而绚丽的图案,可以说背篼集中体现了"沙族"妇女的灵巧手工。背篼上的美丽图案不仅是为了美观,还表达了妇女希望孩子快快长大、平安快乐的美好愿望。

送背篼是平寨人为孩子举行的隆重庆祝仪式。当孩子满月的时候,后家(娘家)就要给满月的外孙送去背篼等礼物,祝福孩子幸福平安。现在送背篼的规矩已经没那么严格了,时间也变得很随意,很多孩子长到少年时才送背篼。为了检验女婿和女儿的感情是否美满,后家会将女儿的嫁妆压到外孙满月时,利用送背篼的时机再一并交给女婿,以保证女婿善待女儿。所以,在送背篼的活动中,也会看到后家送来的家具、电器等日用品,这些嫁妆也成为送背篼仪式的重要内容。

送背篼那日天刚亮,后家的亲戚(主要是年轻男子)就会来主家帮忙。身强力壮的男人先接过后家送来的大件礼品,一般是柜子和箱子各一个,这是自古以来的嫁妆,接嫁妆时主家还要回送红包。

下午太阳快落山时，后家的人还要带着小礼物陆续来到主家。这时主家要杀一只小公鸡立即煮熟，用于祭祀。晚饭开始前要用桌子、凳子各两张代表灵位祭祀天地。桌子上摆放上鸡、菜和白酒等，点燃三炷香平放在酒碗上，抱摸（当地的祭司）开始念经。念经完毕后部分祭品要拿到僻静处泼洒掉献给神灵，另一些祭品摆放在堂屋的供桌上祭祀祖先。

祭完天地后大家开始吃饭，吃完饭抱摸站在供桌的右前方念经祭祖先，同时还要将背笼等礼物展示在供桌上。抱摸一边展示，一边念唱夸耀这些礼品。礼物包括布料、被子、毛毯、衣服、糕点、饮料等等，还有最重要的背笼。祭祀完毕后，主家推出几个人坐在摆满礼物的桌子西侧，东侧则坐着后家的亲戚，于是桌子两边的人开始对唱小调，双方你来我往，唱得十分热闹。小调的内容都是祝福孩子平安，祝愿家庭和睦。

到了夜晚，还要举行孩子抓周和背背笼仪式。抓周要用一个笸箩装上纸、笔、红米、红鸡蛋、钱等物品，由小孩随意抓取。抓到纸笔代表将来学业有成，抓到红米代表丰衣足食，红鸡蛋代表幸运，抓到钱当然就是生活富足了。接下来大人背起孩子，由外婆亲自给孩子裹好背笼。这个仪式完成后，送背笼就结束了。

每一个刺绣和手工艺都说出了平寨的一段故事。

通过口述故事，我们同参与这个口述收集的年轻妇女建立了稳固的友谊和合作关系，我们有了共同努力的目标。在这个过程中，年轻的妇女有机会听到村里老人的故事，并理解了传统刺绣的意义。这是一个教育、赋权的过程，妇女重新发现她们自己文化的根，重新明白这些手工艺的价值。年轻妇女开始表示对老人们的尊敬，并且对世代相传下来的文化遗产产生了兴趣。此外，老人也重建了自信心，通过讲述自身的生命史以及与年轻人分享村子的历史和传统文化，她们找回了自己的能力和骄傲，后来老年妇女也成立了小组恢复老布的制作。

可惜的是，现在的女孩子因为外出打工等，回来后都不爱穿本民族的服装了，小伙子更是跟随潮流。女孩们早就不穿妈妈和姐妹们做的衣服了，许多年轻人越来越看不起自己民族的衣服和传统的手工活计了。服装和手工艺其实是每个民族的传统，是一种民族的印记和身份。老人们期许："年轻人还是应该多学习和保留本民族的传统和文化，不能忘记自己是沙人啊！"

在收集口述故事的过程中，我们看到此项工作的紧迫性及其背后的意义。口述故事收集之后我们还组织了分享会，我们一致认为刺绣是一个重要的社区文化资源，有几个妇女也非常积极地要成立小组来推动刺绣产品的制作。看到她们的积极性以及精美的手工刺绣，我们确定妇女手工艺项目具有可行性，于是决定推动小组的发展。

妇女手工艺小组的发展

在评估妇女手工艺小组的可行性时，发现手工艺的确是在地社区的资产（assets）。与妇女一同商量之后，我们决定发展一个妇女手工艺小组。这决定背后是因为我们相信增强合作是妇女能力建设和赋权的关键。我们希望挑战强调个人主义和竞争的主流发展思维，希望透过手工艺项目推动一种新的集体合作形式(new collectivism)的经济模式。我们从平寨之前妇女发展失败的经验中汲取教训，决定小规模地开动项目。在与妇女积极分子商量之后，我们决定了项目的目标：

1. 通过发展刺绣手工艺产品，增加妇女的收入来支持他们孩子的教育；

2. 推动新的合作主义和妇女参与；

3. 透过经济的赋权提升平寨妇女的能力；

4. 保护平寨的传统文化和提升在地文化认同与自信；

5. 提升消费者绿色消费和公平交易意识。

因为做手工艺有过失败的先例，所以这次我们工作人员都很谨慎，村民也很谨慎，很多人都处于观望的态度，不敢轻易来参加。所以工作人员先找到了以前组织过大家做手工艺的妇女阿凤，和她一起到各寨子寻找刺绣技术好的妇女，邀请她们加入妇女手工艺小组。我们一起找到妇女阿兰，当我们言明来意时，她婆婆就迫不及待地拿出阿兰以前做的一些家用的门帘、鞋垫之类的手工艺品给我们看，手工真是很好的。阿兰的身体不好，下田干活总是会头晕，几乎就做不了农活，因此她还是希望我们能帮她们发展手工艺以增加经济收入。我们召集了几次小组会议，解释妇女手工艺小组的理念和运作方式。妇女特别是年纪较大的对我们的合作经济形式没有信心，因为集体化"大锅饭"的记忆犹新，同时妇女也担心市场，总觉得自己绣出来的东西城市消费者不会喜欢。虽然我们不断地解释合作的重要性和保护传统文化的可行性，也不断保证我们会尽最大努力寻找市场。但是，最终只有7个妇女愿意参加妇女手工艺小组。

一开始我们有点灰心，但带头的妇女的积极性反而激励了我

平寨的妇女

发动平寨妇女参加手工艺小组

们。阿凤对我们说,这样的情况并不奇怪。农村的人都不愿意带头,大家都采取观望的态度。如果我们能够把事情做好,就会有更多的人来参加。她说我们可以从小规模做起。

与平寨妇女的对话让我们更加坚定信心,也让我们懂得从中国农村的历史脉络来解读妇女的反应。我们知道不应该灰心,因为自1970年代末以来中国的农村改革,在农村家庭联产承包责任制之下,很多农业生产只在个人或单户的基础上合作。农民除了婚礼、葬礼和新年之外很少合作。每户都在自己那块责任田劳作,并没有合作的文化(Ku, 2003 & 2007)。我们也知道如果合作想成功,我们必须通过不同的培训和活动来建设妇女的能力。

小组发展的工作是艰难而关键的工作,作为社区发展的协作者,必须明白,妇女的行动不会必然发生,我们需要通过不同的手段促进她们的能动性。我们协助妇女组织会议并讨论妇女手工艺合作项目的年度计划,也承诺给予妇女启动基金贷款,用于购买材料和工具,并提供她们去昆明等地学习参观的开销等。

设计和生产过程中的能力建设

为了增强平寨妇女的手工艺产品市场意识和提升她们对自身手工艺的信心,2006年7月到9月期间,我们分别带她们到不同地方去考察学习。首先我们带她们去了文山考察,她们买回了一些样品。我们和这几个妇女进行讨论,看人家的产品都是什么样的,自己可以做成什么,做到什么程度等等。接着我们又支持妇女小组中的一些成员到著名旅游景点石林去参观旅游手工艺市场。石林的大部分旅游产品是彝族少数民族生产的。平寨妇女探访了当地一家妇女组织，参观了她们制作的旅游产品的类型以及手工艺术。她们同彝族比较了针线活中的异同，又讨论了市场价格，并走访了旅行社的人。在头两次市场考察之后，平寨妇女得出几个结论：这些手工艺产品质量很差，市场价格太低；她们刺绣的风格和技术是独特的，不同于彝族；旅游产品是机器生产的，她们的却是完全手工的。这种考察增加了平寨妇女对市场的了解，也增强了她们的信心。她们从比较当中发现自身刺绣技术的优势。

2006年10月，我们的工作人员带了她们的一些刺绣产品到昆明，进行市场开发。我们找到了香港产品设计师，跟他一起探索如何把平寨的刺绣设计成不同的产品。平寨妇女的刺绣十分精美，我们相信如果可以开发出一些精品的刺绣产品，一定可以受到懂得欣赏的消费者的欢迎，到时候不仅妇女可以有收入，也可以保护壮族的传统手工艺。设计师利用平寨妇女的绣品设计了四种产品——布制书皮、贺年卡和礼品卡、刺绣镜框及抱枕套。我们把这些样品带回平寨，大家都很高兴，她们兴奋地看到自己刺绣竟然可以变成家居用品和装饰。

我们强调设计者的参与，但同时看重在地妇女的创造性和想象力。因此，原则上设计者并不改变妇女刺绣的样式、色彩和风格。设计者只是用平寨妇女做出来的刺绣产品帮忙设计一些产品样板。我们也让平寨妇女学着使自己成为产品设计师。我们尊重平寨妇女对于产品的选择，告诉她们，如果一些产品对她们没有意义，她们可以随便放弃这些款式。专业设计师的参与只是为了启发妇女的创造力，从设计师那里学到一些观念

妇女手工艺合作小组活动

第一道 备料-剪布

第二道 加衬

第三道 绣花

第四道 成品雏形

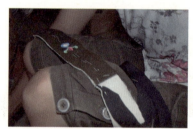
第五道 加边

第六道 包边定型

第七道 熨烫定型

第八道 上扣

筷套成品

后，妇女开始创造自己的产品。设计师的几样产品，平寨妇女可以接受布制书皮、刺绣镜框和抱枕套，但她们不喜欢贺年卡和礼品卡，因为这不是她们的文化，她们对此不熟悉，认为它没什么用。

2006年9月，我们和妇女小组一起制定出生产计划，并逐步落实。但是，当平寨妇女从市场中购买绣线和布料等原材料，一切准备工作都完毕时，她们突然间告诉我们不知道下一步该怎么做。我们明白这是妇女缺乏信心的表现。于是2007年1月我们带领平寨妇女再次外出拜访另一家刺绣妇女小组，同该妇女小组带头人和组织成员进行了深度的交流。这个组织已建立3年，并有3000名会员。组织从外面的工厂获得订单，然后把工作分给会员。她们的产品销往上海、北京和东南亚等地。会员的平均年收入差不多2000~5000元。这个刺绣小组的成功故事再次给了平寨妇女信心。

回到村里之后，我们跟平寨妇女一起做了总结。这次访问的组织还是属于彝族的，她们的针线活很不错，但针法跟平寨是不同的，属于十字绣。平寨的刺绣是先用剪刀在纸上剪好图案，然后把剪纸放在织布上，一针针地绣。刺绣的效果是凸面的，跟机器做的很不同，机绣是平面的。她们也学习到一些宝贵的组织经验，譬如她们组织内部的分工非常细，有3个姐妹负责跑市场，另有负责做账的。她们还规定在农忙季节不做刺绣活，只有会员才能从中分到订单的活。她们运作的方法也很简单，如果她们得到订单，先定好价格，然后会员过来拿活，完工之后送回产品，这是一种合作形式。

实地走访开阔了平寨妇女的视野，并增强了她们合作的信心，加强了她们的组织意识。平寨妇女发展出自己的组织和合作方式。妇女阿凤对我们说，这次参观对大家很有启发，她说：

> 我们和她们不同。我们平等分享利润，大家一起做，大家有不同分工，在心里我们感觉公平。我们的产品价格也比她们的高，因为我们的刺绣更加复杂。我们先剪纸，然后手工刺绣，非常耗时。我们原来担心市场，担心我们费了很多时间，最后没人喜欢我们的产品，没人买它。但是看了其他人做的东西，我们有了信心。经过这么多年她们才成功，现在她们能组织这么多妇女。现在我们有信心尝试了。如果我们不去访问她们，看到她们的成就，在心里依然有很多不确定性。这种感觉让我们无法定下心来开始工作。

后来，我们还带平寨妇女拜访了一家时装公司的经理，商讨合作的可能性。接着还在昆明看了一些民族手工艺商店和花鸟街（昆明最大的手工艺品市场）来激励妇女的创造性，帮助平寨妇女了解市场上流行的货品。我们还介绍在昆明开一家高质量工艺品店的老板林先生给她们认识，希望他作为手工艺产品设计者和店主，可以分享一些市场理念和运作经验。在这个分享工作坊中，平寨妇女很高兴地学习了很多东西，譬如做生意的技巧，也知道了有三种手工艺产品的市场：大众市场、高端市场和另类公平贸易的市场。平寨妇女在走访中感觉收获良多，得到了很多生产自己产品的点子。

妇女手工艺合作小组会议

手工刺绣成果展示

消费者教育和公平贸易的推动

回到村子后,平寨妇女热烈地讨论了她们应该瞄准的市场类型。她们最终决定选择开拓精品的另类贸易市场。对她们而言,大众市场除了价位太低之外,产品的质量也太差。如果要她们做那么丑的刺绣,会觉得羞愧,因为手工艺是妇女的骄傲。她们真心希望消费者能够懂得欣赏她们高质量的刺绣,而且更希望价格能在某种程度上反映她们的劳动和努力,以及她们传统文化的价值。

为帮助平寨妇女测试市场,并增加她们向外界销售产品的信心,我们决定在两个国际研讨会上销售她们的产品,同时进行公众教育。为了在这些国际会议上出售她们的刺绣,从2007年2月到7月,平寨妇女制作出了大量的刺绣产品,例如挂墙上的刺绣镜框、刺绣手机包、刺绣桌布、刺绣垫子和抱枕套、纸巾盒套、刺绣名片夹、刺绣棉笔套、刺绣情人手链等等。平寨妇女在短短时间内进步神速,而且她们高度的创造性也让人惊讶。她们从设计师和所走访过的市场和商店的产品样式中吸收了大量的灵感和点子,她们成了自己产品的设计者。在2007年7月16—20日香港理工大学举行的第15届国际社会发展联盟大会(International Consortium of Social Development, ICSD)上,我们布置了一个销售与展览专柜来介绍我们的项目以及展示平寨妇女的手工艺。我们提出如下口号:

"您的购买将会产生不同!"

"购买平寨母亲的手工刺绣产品,支持她们的经济独立。"

"购买平寨妇女的手绣工艺品，让我们与她们成为公平交易的伙伴。"

让人倍感鼓舞的是，她们的产品在大会上受到与会代表的高度赞扬，获得很好的销售成果。许多人对这些刺绣产品的生产过程和产品背后的意义很感兴趣，他们更希望到云南了解妇女小组的状况。

在ICSD会议之后的那一周内，平寨妇女的产品再一次出现在云南大学举行的中国农村社会工作发展国际研讨会上。跟香港会议上一样，妇女的手工艺品有展示和销售。但是，最大的不同就是平寨妇女参加了这次会议。她们亲自向当地和国际的代表销售与介绍自己的产品。据说这也是平寨妇女第一次参加学术研讨会，也是她们小组第一次拿出将近筹备了一年的东西来展销。这些精美的绣品背后都有艰辛的历程，因为她们决定把产品定位做成精品，所以对质量的要求非常高。一年的制作过程中，很多手工艺品都是不断返工，但是却一直没有订单也没有收入，小组中一些妇女甚至曾做着做着就感到灰心，与阿凤吵起来不愿意做了，坚持下来真的很不容易。

参加会议算是平寨妇女第一次接触所谓另类市场。刚开始，一些平寨妇女很害羞，不敢面对面地跟陌生人讲话。但她们很快克服了这种紧张情绪，当她们看到参会者赞赏她们的作品并想购买时，她们笑得像花一样的灿烂。尽管对很多参会者尤其是本地的参会者来说，她们产品的价格比一般的旅游民族工艺品市场要高很多，但我们都一一解释产品的价格构成，让消费者明白公平贸易的原则——那就是要肯定生产者的劳动价值和产品的文化价值，在购买过程中考虑的重点是免除购买产

妇女手工艺合作小组越来越活跃

生剥削,而不是单单是价钱的考量。她们还在会上进行了一次表演,并公开回应了参会者提出的问题。平寨妇女的变化让人印象深刻,她们如此的勇敢,表现了真正的赋权。

然而,在整个过程中也不是没有挫折,比如在研讨会上,有的妇女为了自己可以挣更多的钱,想拿出自己在家做的东西偷偷卖给参会人员,或者很想让别人买自己的东西就硬要把手链系在参会人员的手腕上等等。不过,问题的发生让我们更加相信能力建设是一个过程,合作互助的精神不会从天而降,它是需要在大家共同努力下慢慢长成的。

小组的巩固与发展

在这两次会议上,包括已销售的和参会者订购的产品,她们的总收入达到2.37万元。这次收益对妇女来说是一大鼓励,然而下阶段如何继续稳定订单呢?如何巩固其组织和规划将来的发展呢?

首先,我们让她们集体决定如何分配自己赚来的钱。让她们开始学习簿记和会计的技术。扣除购买原料的成本和向我们贷款的1万元,她们每人可以得到2000~2800元。最可贵的是,她们决定另外留下7000元作为妇女集体(合作)发展基金。

当她们有收入了以后,村子里其他一些妇女想加入进来,老成员就不太愿意,怕进来的人多,订单却不多,这样分的钱就少了。但我们也不断表明自身的态度,我们是要帮助更多的妇女而不仅仅是她们几个,所以组织的扩大是早晚的事情。

妇女手工艺合作小组推进工作

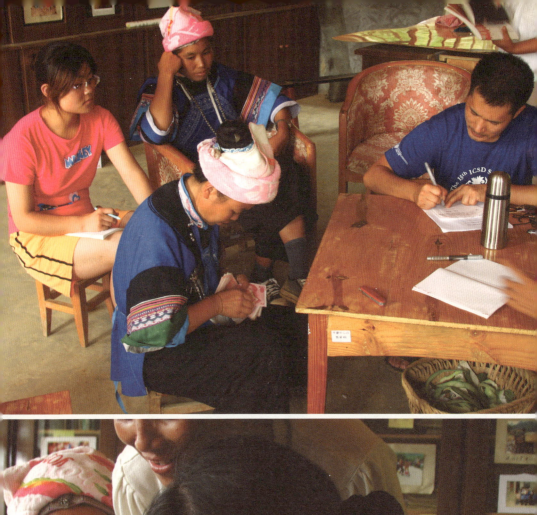

但是要怎样招新人进来呢？进来以后利益的分配又是怎样的呢？是不是有一些规矩需要大家都遵守的呢？这些问题我们还是尊重她们的意见，需要和平寨妇女一起讨论的。但是当中的困难也不小，下面是我们当中一个工作人员欧阳的回忆：

> 之前有3个妇女来找我们说要进妇女小组，问我们给不给进，我们同样表明我们的态度，但也告诉她们这是需要和老成员一起商量的。在我们比较强硬的态度下，老成员有所妥协愿意让她们进来，但也是有一些条件的，比如现在她们小组内有一些原材料是老成员从自己的收入里拿出一部分来购买的，属于她们的财产，但当有新的成员进来的时候就要用这些东西，那必须把这些资产进行清算，看一共值多少钱，分到老成员头上就是每个人兑了多少钱，那么新来的人也就要交同等的钱才能进来用小组已经购买的东西。这看起来似乎还挺有道理，原来的那些东西确实是老成员辛苦挣来的。但这样一算下来，每个老成员都有四百多元钱的投入资金，告诉要加入的人刚开始进来就要交四百多元钱，数目的确大，也觉得哪里有不对，但就是说不出来问题在哪里。后来我们工作人员开会一讨论，问题出来了：原妇女小组成员刚开始做的时候也是我们项目出钱支持的，现在她们有了一定的积累，但不能以这个积累作为她们的资本来限制其他妇女的加入，特别对其他妇女来说，一进来没有任何收入就先交四百多元。对当地人来说，钱的压力是很大的，如果这样弄，那很可能就没有人会来加入了，当然，为了公平，也为了小组的持续发展，交钱入组是应该的，交了会费以后新成员也会有一种责任。最后我们觉得交50元比较合适，但怎么对老成员交

代呢？于是就有了这样一个折中的办法：老成员也交50元，但现在小组所拥有的资产确实属于老成员所有，就在新成员加入之前清点一下现有资产，全部折算成现金把账记在每个老成员头上，等下次再有了收入以后就先把老成员这些钱还了，那以后这些资产就属于小组所有成员所有了。当这样再去与妇女小组一起讨论的时候，大家也觉得公平，都接受了这样一种办法。

在有新人要加入妇女小组的时候，我们也觉得这是一个制定一些大家都要遵守的规矩的较好时机。之前出现过有个别妇女把线和布带回家自己做，却没有把做好的产品拿回来的状况，小组负责人阿凤正头痛不知道该怎么处理，这正是制定好规矩的好机会。阿凤赞成用小组规章来约束小组成员的行为，这对她的工作也是很大的支持。因此，借由这次新人加入的机会，大家一起开会讨论了小组成员需要遵守的所有规矩和小组的分工。经过一番的讨论，平寨妇女终于有了下面的制度：

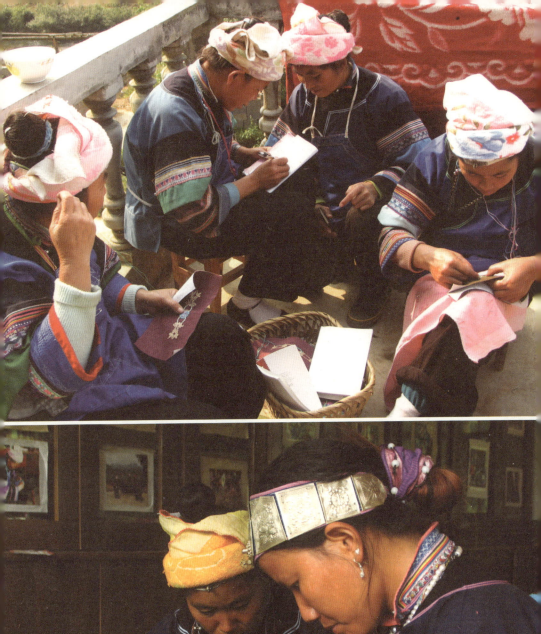

集体劳动和生产

平寨妇女手工艺互助合作小组规定

一、妇女小组现在仍然是在试验,还没有很稳定的市场,进来做手工艺也不一定就有钱拿,进来之前要有心理准备。如果要进来就要相信:进来做是有风险的,只要你愿意大家一起来承担风险,你就可以进来;

二、要加入妇女小组必须经过一段时间的学习,在学习期间一定要听小组管理人员的教和质量要求,最后经管理人员讨论绣工达到一定水平了,才算正式加入妇女小组,开始记工;

三、经管理人员讨论认定某件产品是废品的,当天不记工时,并且做该件产品的成员不能与管理人员吵骂;

四、妇女小组做手工艺的一切材料(如布、线等)全部不准带回家,即使做废的也要放在中心;

五、要进妇女小组的人必须交纳50元钱作为材料费。如果最后没有正式加入妇女小组而要离开,只交纳学习期间使用的材料费,剩余的退还;如果个人没有任何原因要自动退出妇女小组,不退还任何材料费;如果因家庭等特殊原因要退出妇女小组,按比例退还一定的材料费;

六、妇女小组采用两种记工方法,所有管事的人记工;其他人员全部按所做产品的工时记工,而且管事的人要有部分补贴;

七、妇女小组全体成员讨论决定把总收入的30%作为小组发展基金。这30%的基金中一半(15%)用来发补贴,另外一半(15%)再分为两部分,其中一部分(7.5%)用来买材料等成本费,另外一部分(7.5%)拿来为村里做好事;

八、妇女小组要有专门的人来管账和管钱,任何支出都需要小组全体成员讨论同意,否则管钱的人不给支出,全部钱款都必须用在手工艺小组的事务上,不能挪用;

九、妇女小组要有专门管监督质量的,在监督过程中,如果她指出哪个成员做工质量不合格,需要返工或者作废,该成员不能反对、埋怨;

十、妇女小组要有专门的人来保管材料(线、布等),管材料的人必须记清材料的种类和剩余材料的数量,任何材料的使用都必须经过她来统一安排,不能乱用和浪费;

十一、妇女小组所有订单全部有专门的人来接待和管理,她负责管理全部产品,并将产品交给订货人,妇女小组的其他成员不能私自接订单;

十二、妇女小组要有专门的人负责监督所有钱款的保管和使用,确保每一次支出都经过小组所有成员的讨论同意;

十三、妇女小组的所有成员都不能以小组的名义卖自己的私人手工艺品;

十四、妇女小组所有成员的记工都由专门的一个人来统计和记录。记工的方法由妇女小组所有成员讨论来决定,小组哪个成员如果发现记录不正确,必须在三天内提出并核实看是否有错误。妇女小组成员的工时记录本分为大本子和小本子,大本子由记工的人来负责,小本子由另外一个成员来负责;

十五、以上所有规定,都经小组成员讨论同意,所有小组成员都必须严格遵守,违犯任何一条都必须要退出妇女小组。

新人的加入也有一些新的问题要处理，譬如记工的问题，新人刚加入，她们的技术肯定没有原来的老成员熟练，如果也按照一天一个工来记，老成员觉得比较吃亏，甚至还会出现有人窝工的现象，这些问题的处理也给阿凤很大的挑战。不过每次陪伴平寨妇女开会，我们都觉得很多事情她们是自己可以处理的。她们有自己的公平原则，也有自己认为合乎在地实情的处理方法，我们要相信她们的能力。

最后平寨妇女制定出妇女手工艺小组的新人加入规定：

一、妇女手工艺小组根据市场情况逐步扩大妇女手工艺小组吸收新人加入；
二、要加入的妇女必须是自愿的，要经过妇女小组开会讨论通过；
三、要优先考虑家庭负担重的；
四、由于是手工刺绣，所以，眼睛要好的，看得见的；
五、要相对稳定的，要在小组一年以上，打蘸水的不要；
六、如果新人在中途退出妇女小组，进来交入的钱不退还；
七、妇女小组任何人员中途退出又要进来，就要按新人加入规定处理；
八、新加入的妇女要遵守妇女手工艺互助合作小组协议；
九、参加妇女小组后，若出现问题，要在妇女小组中讨论解决，不得带家属来吵闹；
十、不得带小娃娃来做手工活。

为了帮助平寨妇女巩固她们的项目并理解这种合作形式的意义，我们决定带全部妇女走出去看看，学学别人的经验。我们联系了贵州省很出名的杨建红苗族刺绣学校，希望妇女可以学习这个组织的运作和管理方法，特别是安排她们去村子里与苗族妇女交流。苗族刺绣学校属于一个民间组织，由当地妇女杨建红创办。她的目的是保存传统苗族文化以及增加当地妇女

的收入。这个组织主要是提供刺绣技术培训，给年轻苗族妇女工作机会。更重要的是，它以社会企业的方式运作，不仅为了增收，也为了给妇女赋权，通过刺绣增强妇女的自尊和自信。杨建红成功推广了苗族妇女的产品，现在产品远销大城市和海外，像台湾和日本。

2007年12月，项目工作人员和妇女手工艺小组的成员到了贵州，拜访苗族刺绣学校。杨建红介绍了机构的结构和运作，也介绍了她建立的苗族刺绣博物馆，馆内收藏和展览了大量传统的苗族刺绣。平寨妇女和贵州的苗族妇女坐在一起对刺绣技术和妇女小组运作经验作了深入的交流。这一次交流的效果是非常好的，苗族妇女的热情以及精湛的技术深深打动了平寨妇女，不是亲眼看她们绣，大家很难想象手工可以做那么精美。杨建红的博物馆也让平寨妇女眼界大开，她们知道了精美的和古老的东西原来可以更值钱，当时她们就表示想自己也建立一个那样的博物馆（虽然到现在还没有真正出现）。这次走访给平寨妇女展示了未来，使她们在平寨推动妇女手工艺小组的信心大增。她们受到杨女士的鼓励，也被她这么多年的坚持所感动，并开始明白保存传统文化的意义，提高了积极参与的意识。

回到村子以后，她们制定了年度规划，为妇女手工艺小组建立了管理体系和规范，并开始从其他自然村招募新成员。她们有明确的分工，例如一人负责簿记和会计，一人负责质量控制，一人负责样式和产品的设计。她们的规制显示了合作精神，促进了集体主义、信任、资源共享和主体参与的意识。

2009年，妇女手工艺合作小组正式注册成立，这是项目的一大跨进。记得合作社成立那天，每个人都非常兴奋。平寨妇女脸上都持着骄傲的笑容。然而，妇女小组的组织工作并非我们所想象的那么简单，当中同样要面对许多关于"人"的问题。小组如何巩固，需要我们工作人员的一路陪伴和鼓励。能力建设不是一天两天的事，像我们工作人员小娄所讲的，"任重道远"呀。下面分享一段小娄的工作日志：

2009年8月8日　星期六　平寨"中心点"

之前，打电话给亚军，叫亚军帮忙通知凤召集妇女小组8号上午10：00开会。

9点起来洗漱后，和凤约好到她家吃早饭。

凤杀了一只鸡，还叫了老吴过来一起吃饭。可能是，昨天给了金凤4个月800元的补贴，金凤的心情好像很好。老吴也是心情很好，拎了几瓶啤酒过来，并一直在感谢我（之前委托我给他儿子春良做担保，他儿子在昆明应聘驾驶员，对方需要一个昆明人作担保，所以老吴找到了我，他儿子后来也没有打电话给我）。

我说：我没做什么，不要谢我！

他说：还是要感谢的，因为我答应帮他做这件事。

凤、忠和老吴一直叫我喝酒，我开玩笑说：我还要跟妇女小组开会，到时，数钱的时候会少一两百元钱的。凤说：不怕，她会盯紧我的，少钱她会跟我要。

饭吃到了10点20分，我这才匆忙赶到中心，妇女小组的成员已全部坐在那里了，和妇女小组的人寒暄了几句，宣布开会。

首先，跟妇女小组说了今天开会的内容：1.讨论生产

计划。2.近期的培训计划。3.工作室的布置。4.小组的组织问题。5.资金收入公布（考虑到这个问题很复杂放在了最后讨论）。

1．生产计划：之前古老师已把8月至明年5月的计划发给我，先跟大家说了一下大概月份的计划。说明一下，今天的重点只是把8—9月的计划跟大家讨论。叫她们做4套妇女的民族服饰以及广州代销的产品，生产货物的名单我会给她们。

跟她们说了生产计划后，问她们清楚了没有？有没有问题，每个人都要清楚，不清楚的要问。

她们答道：没有，很清楚了。

我说：待9月以后再和她们讨论未来的计划，这样，你们就不会乱了（其实，我也想控制生产的节奏，不想变为工厂，只要有东西做，她们愿意坐在这里。马上就开始农忙了）。随后把8—9月的计划单给了金凤。

2．近期培训计划：根据古老师给的邮件，把近期培训的计划告诉了大家。

主要是与河南妇女组织的交流和广州的交流会，跟她们说：这只是一个计划，培训的内容、地点、时间待以后确定，到时再实施。现在可以确定的是9月2日古老师、张老师会过来，大家一起到"五龙"的桃花岛上开会，看影片，看一部"山西永济"合作社的纪录片，看一看人家是怎么做的，我们大家讨论讨论，以后怎么去做，怎么把我们妇女小组的组织做大、做好。到时，大家可以更深入地讨论一下我们的组织问题。

3．工作室布置：之前帮你们放大装框的照片，到现在还没有挂起来，办公室也没布置。

莲说：挂不上去。

我说：你们找男家来想办法把它挂上去。工作室是你们的家，这个家要你们来整理布置，也要体现你们团结合作的精神。之前，你们叫我帮你们购买的玻璃展柜和电饭煲等物资，也希望你们自己去购买，你们自己清楚所需要的东西，希望这个月把它布置好。

4．小组的组织问题：这个问题，只是想叫大家讨论一下存在的问题，说一说对我们这个组织有什么希望和需要解决的问题，还有想要说的，希望你们不要把我当成娄老师。

这时，会场突然很安静，自己在心里想，这样的场境下，再讨论下去是不行的，只能另外寻找机会。

最后，只有打圆场说：那以后我们慢慢再交流。

5．资金收入公布：这个问题很复杂，考虑它的复杂性，所以，放到了最后来公布。

之前，根据张老师的提醒，在办公室叫工作人员帮忙，把需要给妇女小组的款和妇女小组要还我的款都很详细地写在了大白纸上，并带上需要给妇女小组解释、说明的物品。在解释的时候，并一直提醒妇女小组的人员，我在一条一条说的时候，有不明白和疑问的地方要提出来问我，要把它弄清楚。

这样，2月份至8月份需要给妇女的手工艺品出售款：48277.30元。

妇女小组应归还项目购原材料资金：7226.00元。

妇女小组应给中心项目管理基金：48277.30×7.5%=3620.80元。

实际给妇女小组款：37430.50元。

在公布的过程中，都一条一条把问题讲明白，讲清楚，并把以前遗留的问题解决，解释清楚，平寨妇女也提了很多问题，回答得直到她们都明白，清楚。

会一直开到了下午的五点半，才把需要给妇女小组的款，交给了两个新选举出来的年青会计、出纳手中。

钱交好后，问妇女，还有问题没有？

她们说：没有了。

我说：那我的会就开到这，接下来，由你们自己分配你们的资金。我在外面，有什么问题可以叫我，如果算钱的时候有什么问题，叫工作人员娜帮你们。

我退出会场，站在走栏上，看见、听到妇女为如何分配钱开始了讨论和争执。

期间凤几次叫我进去，问我：那些钱可不可以分？那些钱是以前几个妇女的，她们提出来要分掉。还有，按小组章程，在她们的收入里，要提出15%作为小组自己的发展基金。

这样一算就又要提出1万多元，她们认为太多了要把它分掉，要问我的意见。

我说：你们自己讨论、决定。我只想跟你们说，如果你们把它分了，以后要买材料，要扩大生产买设备，还有小组外出培训的费用,都要用钱,到时没钱怎么办,你们是否又要斗钱,你们愿意吗?你们考虑吧。

这样,钱一直分到了晚上的8点40分,我们才离开,到杰峰家吃饭。妇女小组还在讨论以前的余款如何分配。

这次,钱拿到最多的是琴,2676.80元,最少的是菊,801.50元,平均1780.31元。

在整个分钱的过程中,可以看出,小组成员间是有矛盾的,不知道合作的意义,对他人不信任,有了钱后只顾自己的利益,没有忧患意识。

而对我来说:任重道远!

未来的发展

妇女手工艺小组另一个重要的发展就是与老人小组合作,推动恢复老布制作。这项工作非常重要也很艰巨,如果不再把这个传统的手艺传承下来,那它将很快失传了。土布制作有两个重点,一是织布、二是染布。在平寨织布的传统仍然保留着,但染布的手艺慢慢在丢失。植物染布是平寨土布的特色。用虎杖(一种药材)染出的布呈现时尚的棕红色。而靛染土布则是平寨土布的精华。蓝靛是平寨妇女染布的主要植物染料。根据村民说,早在3600年前的夏代,先人就开始种植蓝草用于染色了。这一古代杰出的染色技艺时至今日仍在许多少数民族传统服饰中有所应用。

靛染的工序很多。首先,制靛时要先将植物的叶、茎或根切碎,加水浸泡数日令其发酵以使甙键水解,游离出吲哚酚。然后加入石灰使吲哚酚在碱性条件下迅速氧化成蓝色的沉淀——蓝靛（也就是靛蓝）。

蓝靛制好后，染布的工序也是关键。染蓝靛布，要经过很多天的多次漂染，布的颜色随漂染的次数增多由蓝到黑而逐渐加深。而且，蓝靛是活性的，如果保护不好，就会"死去"。"死"了的蓝靛就不会上色了。

平寨的老布非常受消费者的喜欢，因为用靛蓝染出的布料，色泽沉着，气味芳香。还有老人们采购优质棉纱，精心织染，生产出的手织土布手感朴实、色泽自然，不愧为时尚健康的高档面料。

然而，在发展老布的时候我们也遇到一些挫败，第一，妇女小组对于使用老年协会织染的土布有顾虑，主要是觉得土布太贵，怕产品卖不出去。但我们耐心地跟妇女小组成员讨论并做说服工作，使成员意识到推出土布制作的绣品是她们的责任，也有了尽量使用土布的意识；第二，老年协会织染的土布在质量上还有问题（譬如固色方面），需要进一步加强。土布的价格还需要再进行准确的核定。所以我们长远的工作还要跟进老年协会在土布染织的原料、工序、合作、价格议定等，推动老年协会在这方面的工作有序发展。

从2008年到今天，平寨妇女凭着她们精致的手工成功开发了公平交易网络和另类的市场。例如，她们先后得到了香港大学学生会、香港理工大学、公平贸易店、香港乐施会以及中欧论坛、香港新福事工机构等的订单。她们开始讨论与香港公平贸易组织的长期合作，也开始收集传统壮族刺绣的作品，并准备建立一个传统壮族刺绣博物馆。她们已经在香港理工大学中

国研究和发展网络、北京大学—香港理工大学社会工作研究中心、云南大学—香港理工大学设计与社会发展研究中心设立了橱窗，展览和销售平寨手工艺产品。2010年，我们与香港地脉基金会、鄂伦春基金会合作在母亲节一起举办了名为《母亲与女儿》的巡回展，这展览从香港办到北京等地。2010年3月，平寨妇女到昆明参加云南大学—香港理工大学设计与社会发展研究中心会议，冬天她们又到北京参加妇女与发展的公共论坛，希望教育公众，让更多的人了解妇女与发展的理念，愿意参与到我们的事业中来。

---

[1] 能力建设的模式已经被广泛运用于社区发展的项目以建立个人和集体的能力(见Moyer等，1999；Li等，2001)。和"赋权""参与""性别平等"等概念一样，能力建设被认为是所有可持续的和民众中心的发展模型的基本组成因素(见Eade,1997; Plummer, 2000)。在我们对能力建设的理解里，我们基本的信念是所有人都有权利平等分享资源，作为自身的主人掌握自身的发展和命运。对于这种权利的拒绝是贫穷和痛苦的根源。增强人民在选择中的决策能力以及采取行动达到这些目标是发展的基本所在。

[2] 我们在贵州已经尝试过口述见证的方法，觉得非常有效，可参考古学斌和陆德泉(2002)的文章。口述见证和口述历史的方法可以参考Slim & Thompson,1995; Perk & Thompson, 1998和Yow, 1994。

[3] 当地人说壮族方言。只有很少的年轻村民或者受过教育的成年人可以说汉语——普通话。因此，我们很难与当地居民进行直接交流。一方面，这是我们的不利条件，另一方面，这却成为我们的优势，因为我们不得不保持谦虚，并且与受过教育的当地居民保持密切关系，后者经常成为我们的翻译。

[4] "昂首"是指行业中的佼佼者。

[5] 针对这问题，我们在村里也推动过"孝布"改革的项目，希望一方面推动保护"沙族"敬老孝顺的文化，一方面改变这种攀比的恶习，减少孝布对妇女造成的负担。

[6] 这两首小调是在男女恋爱订婚阶段唱颂的，当男子收到女孩的礼物时，为了表达爱意和感激，男子会用这些小调夸奖女子心灵手巧，绣出了精美的手工品，同时也赞扬女子辛勤劳作。村里在给小孩送背篼、给老人送寿衣时也会唱这些小调，颂扬妇女勤劳的美德。

文化、妇女与发展：能力建设和赋权的行动

行动研究的部分成果

经过几年的发展,这项农村社会工作计划基本上朝着我们设想的妇女能力建设和生计改善目标进行。最让人高兴的成就是发展了一个坚定的妇女核心小组,她们热心于参与妇女手工艺小组的工作,把它看成自己的事业。另外,很高兴看到当地妇女间的团结和合作意识在逐渐增长,以及信心和自豪感在增加。通过推动妇女参与和赋权,很多妇女重新有了控制自己命运的感觉,并对自己的文化遗产产生了更强的认同感。

在进入项目总结之前，我先讲讲妇女小组当中一个妇女的故事：

阿兰的故事

阿兰是最早进入妇女小组的一个妇女，因为她身体不好，不能做很重的农活，按她自己的话说是"做一会就会头昏"。当筹备妇女小组时，她很高兴地加入了，在妇女小组一直做到现在。而且由于她的手工艺非常扎实，所以妇女小组成员推举她为质量监督人员，负责监督每个成员绣出来的东西，如果她觉得不合格，成员就必须返工重做。

阿兰本来不是平寨人，是从别的村子嫁过来的。她是家中的老大，下面还有两个弟弟和两个妹妹，而且据她说她妈妈已去世了，另外还有三个孩子都夭折了。由于家里的经济原因以及她的老大身份，她一天书也没有读过，只能从小就在家里照顾弟弟妹妹以及帮家里干活。所以她原来连自己的名字都不会写，因为加入妇女小组要签协议，她才慢慢地学会了写自己的名字。她说小时候最先接触手工艺就是学做自己的民族服装，那时候谁要是不穿自己的民族服装而穿汉族衣服是要被人瞧不起的，人家会说你没本事，连自己的衣服都不会做。而现在就不同了，现在只有有钱人才能买汉族衣服穿，所以现在穿汉族衣服反而是很骄傲的。而且以前没有缝纫机，做衣服全靠一针一线地缝，而她不仅要做自己的还要给弟妹做，所以很多时候去放牛背着弟弟妹妹，还要再拿着针线去山上做，很多大人都说她的手巧，有的大人还把自己剪的花样送给她来绣，她慢慢地就学会并且很喜欢绣花，有的时候没有花样了，

她也拿把剪刀到山上，看见什么花就剪什么花，刚开始剪得很难看，而且还浪费了很多纸，被家里大人骂，但慢慢地就越剪越好了，她说这个不是靠学的，是要有天赋的，所以有的人不管怎么剪都剪不好，有的一剪就会了，而且只有小的时候才能慢慢地练习剪，大了手就笨了，怎么都剪不出来了。

阿兰的身体很不好，现在即使天再热，她喝了冷水或者出汗的时候脱件衣服就会感冒，所以经常会听到她咳嗽。她说自己身体这么差是因为前几年太苦了，她老公还有一个弟弟，她嫁过来的时候两兄弟分家，她老公的弟弟分得了老人的所有财产，连只碗都没给她，而且他兄弟占了老房子却不照顾老人，她老公脾气好，什么都没说就把老人接过来照顾，他兄弟占了房子不住，说要出去挣钱，结果一去十多年都没有音信，老房子没人住也塌了。所以她现在的全部家当都是她和老公一点一点挣回来的，那几年实在很苦，要种很多田，天天都是从早忙到晚，现在总算好过一点了，身体却不行了，总好不了，只能做做手工艺了。

阿兰现在有两个孩子，大的是儿子，有十五六岁，已经不读书了，今年春节刚过，就和他爸爸一起去广州打工了，小的是女儿，现在在乡上读初二。因为身体不好，所以她就把自家的两亩半地租给别人耕种，每年只要500公斤谷子，平常她只种一点菜和姜。但是她儿子才去广州一个月就回来了，他说自己身体不舒服。刚去的时候在一个制衣厂，干了半个月一分钱都没有拿到，反而生病了，就休息了几天吃了点药，后来又找了一家灯饰厂，干了不到10天就干不下去了，身体越来越不舒服。在那里喝的水都是黑色的，又腥又臭，谁都受不了。爸爸担心儿子的身体就让他先回来，自己还在广州。儿子说，去了一个月一分钱也没有挣到，回来的路费还是借老乡的。儿子回来快一个星期了还在吃药，问他医生怎么说的，得了什么病，他也说不清。问他身体好了还要不要出去打工，他说病好了就去，干农活太苦了，他干不了，出去打工挣点钱还能养活自己。

参加妇女小组后，阿兰和其他妇女一样，有了很大的变化。她在妇女小组里性格变得开朗，工作认真。参加小组的活动，是她很高兴的事。2007年7月，她跟随妇女小组参加在昆明举行的中国农村社会工作发展国际学术研讨会，回来后，把会议的照片贴在家里堂屋的墙上，和丈夫参加乡上举办的小调比赛而获得的歌王奖状贴在一起，她感到很荣耀。

从消极接受者到积极行动者

妇女从被动的受助者转变为主动的行动者。在项目的开始阶段，平寨妇女认为她们是为外来社区组织者工作的，因此她们只关心可以从我们这里拿到多少钱。但现在她们清晰地意识到这是她们自己的项目和手工艺小组。发展的唯一可能性就是依靠小组成员的集体努力。

在这个过程中，平寨妇女也发现了她们自身的能力和潜力。刚开始，她们几次要求找些专家来教她们产品设计或给她们简单地设计好模板来模仿。但当平寨妇女有机会到处参观手工艺市场，与其他少数民族妇女比较、交流后，她们的信心增强了。当专业设计师的介入程度降低时，她们的创造力和设计能力也完全发挥出来了。平寨妇女成了本土设计师,并给我们展示了再创造刺绣样式、颜色和风格方面的能力。项目朝着我们的理想发展:"在社区中设计,和社区一起设计,和为社区设计。"

推动集体主义和合作精神

这个项目在村子里也打破了个人主义的恶习,推动民众转向了合作性集体主义。刚开始,当我们强调合作组织建设时,平寨妇女都很冷漠,不明白为何要合作。但是,当看到合作和相互帮助的益处时,她们开始理解合作的意义。

像平寨妇女兰说道:

> 之前我们看不到妇女小组的前景,所以我们不来。我们妇女小组集中在一起做手工艺,大家一起讨论,一起设计,一起绣花,有说有笑,我感到很舒服。我原来身体不好,来"中心点"绣花,是姐妹们帮我治好了病。

兰的女儿还告诉我们:

> 看到她母亲参加了我们的小组之后,人变得开朗了很多,脸上常常挂着笑容。

面对生活的压力,平寨妇女也不再孤单。她们可以一起商量事情、分担喜忧,平寨中心的妇女手工艺工作坊成为她们喜欢聚集的地方。

发展妇女关于管理和销售的知识与能力

这个项目另一方面的能力建设是发展妇女销售和交易的知识。几年训练之后,她们开始掌握了做生意的基本知识,例如成本计算、价格设定、市场风险和产品制造。像小组领袖凤说的:

> 之前我们不知道如何做生意,我常担心有人开始下了大的产品订单,但当我们生产出来时他们却不想要,我们怎么样才能拿回钱呢?如果不能,我们的损失就很大。我们常常担心这样的事情,哈哈。我们之前真的不知道怎么去做生意,现在我知道可以跟买主要定金,然后才生产。

现在整个妇女小组的财政管理基本上由她们自己承担,我们只是在旁边作为顾问而已。

增强文化认同和文化保护意识

文化认同危机是中国农村发展的一个障碍。在市场经济的意识主导下,文化的价值往往用市场的价值来衡量,价格高、销路好才叫有价值。之前妇女觉得刺绣没有价值,是因为没有市场,所以大多数年轻女孩不情愿学习刺绣。

在这一过程中，我们让平寨妇女看到她们的刺绣是珍贵的，也让她们明白，真正民族的手工艺品在主流市场没有销路和价钱低是因为当中的剥削和不公平贸易。当我们转向公平贸易的市场，平寨妇女看到自己产品的价值，因为购买她们产品的消费者或团体都是欣赏她们的刺绣手工并理解背后的文化涵义，而不是看重产品的价格。透过刺绣，她们的收入也不断增加，吸引更多的人愿意参与进来。她们开始吸收一些返乡的年轻妇女，让她们开始学习刺绣。特别是2008年金融海啸之后，许多年轻妇女失业回到了家乡，陆续参加了妇女手工艺小组，会员们都很受鼓舞。2011年，妇女小组带头人凤因为个人家庭经济的缘故，离开了平寨到广东打工，她临走前安排年轻妇女阿英接她的班。有年轻人来承接是很重要的，就像平寨妇女兰说道：

> 我们都是四十多岁的妇女，尽管小组中所有的姐妹都会绣花，但如果我们不传下刺绣的技术，它将来就会消失。现在任何一个30岁左右的，以及更年轻的妇女根本不知道如何做刺绣活。

当我问她们为什么如此享受刺绣时，兰的回答着实让人惊讶：

> 我们为什么保存刺绣？因为我发现村子里的树将来都会被砍掉。我们的后代将不知道山的漂亮景色。现在我们保留下村庄景色的样子就是为了告诉孩子们，让他们知道我们家乡的美。当他们欣赏着我们的刺绣时，一切都值了，尽管刺绣辛苦也累人。

平寨妇女现在有了文化保护的意识，像之前提过的，她们开始收集古老的刺绣和织物，也准备建个博物馆。她们也与村庄老年人协会里的老妇人合作，恢复古老的布料生产和染布技术。她们希望传统刺绣技术可以得到保存和发展。

经济赋权与性别赋权

我们的项目很清晰地希望透过经济赋权促进性别赋权，改变社区的性别关系，松动父权宰制的土壤。我们深知这是一个漫长的过程，但是在这几年的努力下，从细微之处我们看到刺绣小组妇女与丈夫之间的关系正在发生改变。

在平寨，壮族妇女的家庭地位是很低的，家务和农活基本上都由妇女承担。在饭桌上，我们看到妇女总是在男人喝够吃饱后才开始用餐。可是，我们看到手工艺小组妇女的丈夫对于妻子的态度在慢慢地改变，甚至开始重视她们的工作。我们常看到，当妇女集中在平寨中心赶工的时候，中午她们各家的男人都会做好午饭，给她们送来。每次跟平寨妇女聊到这事，她们都笑得很开心。

行动研究者和平寨妇女在一起

| 行动研究的部分成果 |

在领袖凤的家里，看到她丈夫的改变更大。以前她丈夫基本无所事事，家务不干，田也不耕。但自从凤挑起妇女小组的大梁，为家庭的经济带来很大的贡献后，她丈夫也开始积极起来。除了支持凤的工作外，也参加了我们另外的生态大米种植合作社。

平寨妇女还跟我们分享了她们经济自主的重要性，譬如她们每次参加研讨会，都会向听众说：

> 以前我们腰包里没钱，每次跟老公要点零用钱都很难，还要看他们脸色。到乡上赶集，想买点什么都不行，都要问准老公。现在我们腰包有钱了，要买什么就买什么。要上街就自己去，不用理他了，哈哈……

经济的自主让平寨妇女有了尊严，当说到这些事的时候，她们都笑得特别开心，让我们深深感受到经济的自主对她们是多么重要，这也是她们走下去的动力。

结　语

在与平寨村民一起工作的十多年里，我们发现，农村贫困的核心原因不全然是教育水平低、土地贫瘠、村庄位置偏远、技术无法更新，以及市场经济知识缺乏等。毋宁说，农民失去对发展过程的控制而变得被动无助。当面对外来发展主义理念的冲击时，他们对自己的发展道路产生了错误的理解，以为农业商品化就能致富，过上城里人的生活就叫发展，以为外出打工就是改善生活，以为抛弃传统就是"先进文明"。这一切导致他们对农业生产失去了信心，也对传统产生了怀疑。身份认同的危机使得他们迷失方向，生计的困苦使得他们变得悲观没有动力，对发展失去了信心。农村发展的另一个障碍是农户个人主义(household individualism)的抬头，没有合作和集体的支撑，农户个人往往无法与市场竞争，成为市场经济的牺牲者。

因此，为了农村可持续发展，我们首要关注的不应只是增加生产效率，增加农民收入，而是强调能力建设和赋权的工作。我们应努力在经济赋权的过程中重建在地民众的文化自尊和信心，达到文化赋权和性别赋权。我们在平寨的工作只是农民合作和另类发展的一种尝试。我们相信，发展没有唯一路径，它全然取决于是否能够使当地民众成为发展的主体，让他们意识觉醒、能力提升以抗拒在现代化发展中被边缘化。

我们的项目只是针对这些议题的初步尝试，希望将来能够有更令人鼓舞的发现与读者分享。无论如何，我们有一个梦，希望有一天农村的每个妇女可以轻松地告诉外来者："我们的幸福像盛开的花儿一样。"

参考书目

Collier, Ken, *Social Work With Rural Peoples*, Vancouver: New Star Books, 2006.

Croll, Elisabeth J., *China's New Consumers: Social Development and Domestic Development,* London: Routledge, 2006.

Davis, Deborah S., *The Consumer Revolution in Urban China*, California: University of California Press, 2000.

Eade, Deborah, *Capacity-Building: An Approach to People-Centred Development*, UK: Oxfam, 1997.

Ginsberg, Leon H., *Social Work in Rural Communities*, Virginia, U.S.A.: CSWE Press, 2005.

International Labour Organization, *Facts on Promoting Gender Equality in the World of Work*. Geneva: International Labour Office, 2006.

Ku, Hok Bun, *Moral Politics in a South Chinese Village: Responsibility, Reciprocity and Resistance,* Lanham, Md., U. S. A.: Rowman & Littlefield Publishers, 2003.

Ku, Hok Bun, "Happiness Being Like a Blooming Flower': An Action Research of Rural Social Work in an Ethnic Minority Community of Yunnan Province, PRC," *Action Research,* (published online first 10 May 2011).

Li, Virginia C. et al., "Capacity Building to Improve Women's Health in Rural China", *Social Science and Medicine*. 2001, 52 (2), pp. 279-292.

Lohmann, Nancy and Roger A. Lohmann, *Rural Social Work Practice*, New York: Columbia University Press, 2005.

Martinez-Brawley, Emilia E., *Seven Decades of Rural Social Work: From Country Life Commission to Rural Caucus*, Santa Barbara, C.A.: Praeger Publishers , 1981.

Moyer, Alwyn, Marjorie Coristine, Lynne Maclean, and Mechthild Meyer, "A Model for Building Collective Capacity in Community-Based Programs: The Elderly in Need Project", *Public Health Nursing*, 1999, 16 (3), pp. 205-214.

Perks, Robert and Alistair Thompson, *The Oral History Reader*, New York:Routledge, 1998.

Portelli, Alessandro, *Narrative and Genre*, London:Routledge, 1998.

Plummer, Janelle, *Municipalities and Community Participation*, London and Sterling: Earthscan, 2000.

Pun, Ngai, "Subsumption or Consumption?: The Phantom of Consumer Revolution in Globalizing China", *Cultural Anthropology*,2003, 18(4), November, pp.469-492.

Pun, Ngai, *Made in China: Women Factory Workers in a Global Workplace,* Durham: Duke University Press, 2005.

Saleebey, D., *The Strengths Perspective in Social Work Practice*, New York:Longman, 1997.

Scales, T. Laine and Calvin L. Streeter, *Rural Social Work: Building and Sustaining Community Assets*. Belmont, CA: Brooks/Cole/Thomson Learning, 2003.

Sherraden, M., *Assets and the Poor: A New American Welfare Policy,* Armonk, NY: M. E. Sharpe, 1991.

Slim, H. and P. Thompson, *Listening for a Change: Oral Testimony and Community Development.* London: New Society Publishers, 1995.

Templeman, Sharon B., "Building Assets in Rural Communities through Service Learning." In Leon H. Ginsberg edited, *Social Work in Rural Communities,* Virginia, U.S.A.: CSWE Press, 2005.

Tice, Carolyn J. , "Celebrating Rural Communities: a Strengths Assessment." In Leon H. Ginsberg edited, *Social Work in Rural Communities,* Virginia, U.S.A.: CSWE Press, 2005.

Thompson, Paul, *The Voice of the Past: Oral History,* Oxford: Oxford University Press, 1988.

Tönnies, Ferdinand, *Community & Society*. New Brunswick, N.J.: Transaction Publishers, 1998.

Williams, Raymond, *Keywords: A Vocabulary of Culture and Society,* London: Fontana Paperbacks, 1983.

Wilson, Rob and Wimal Dissanayake, *Global/local: Cultural Production and the Transnational Imaginary*. Durham: Duke University Press, 1996.

Yow, Valerie Raleigh, *Recording Oral History,* London: Sage, 1994.

古学斌、张和清、杨锡聪：《地方国家、经济干预和农村贫困：一个中国西南村落的个案分析》，《社会学研究》，2004年第6期，第79—88页。

古学斌、陆德泉：《口述历史与发展行动的反省——以中国贫困地区教育扶贫项目为例》，《香港社会学年报》，2002年第3期，第181—210页。

古学斌：《发展中的"他/她者"：中国农民社会边缘性的形成》《华人社会排斥与边缘性》，香港理工大学应用社会科学系政策研究中心2003年出版。

古学斌：(2007)《否定政府/重建村庄：中国大陆梅县客家地区自发小区组织的形成》，《台湾社会研究季刊》，2007年，第66期，第195—229页。

严海蓉：《现代化的幻影：消费和生产的双人舞》，《台湾社会研究季刊》，2000年，第48期，第95—134页。

夏林清：(1993)《实践取向的研究方法》，《由实务取向到社会实践》，台北：张老师出版社，第3—27页。

保罗·弗雷勒 (Paulo Freire)：《受压迫者教育学》，台北：巨流图书公司，2003年。

部分刺绣图案

部分刺绣图案

部分刺绣图案

部分刺绣图案

部分刺绣图案

部分刺绣图案

部分设计产品

| 部分设计产品 | 121

| 部分设计产品 |

126 | 幸福像花一样 |

妇女小组成员

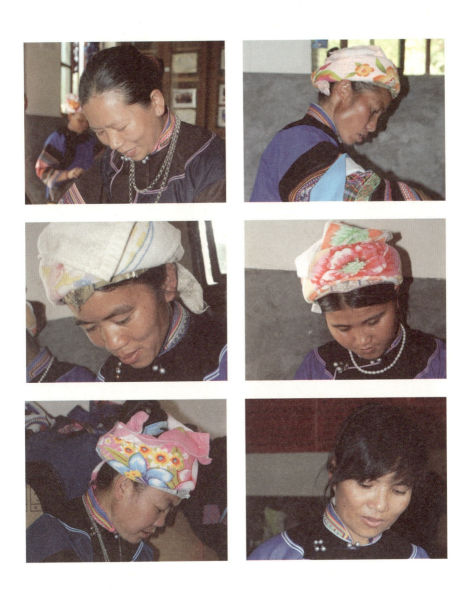

妇女小组成员

图书在版编目（CIP）数据

幸福像花一样：一份中国农村文化、妇女与发展的实践记录 / 古学斌著．
—北京：北京大学出版社，2014.1
（社会发展理论与实践丛书）
ISBN 978-7-301-20664-5

Ⅰ.①幸… Ⅱ.①古… Ⅲ.①农村文化－研究－云南省②少数民族－妇女－研究－云南省 Ⅳ.① G127.74 ② D442.6

中国版本图书馆 CIP 数据核字 (2012) 第 258954 号

书　　　名：幸福像花一样：一份中国农村文化、妇女与发展的实践记录
著作责任者：古学斌 著
责任编辑：丁 超
标准书号：ISBN 978-7-301-20664-5/C · 0824
出版发行：北京大学出版社
地　　　址：北京市海淀区成府路 205 号　100871
网　　　址：http://www.pup.cn
电子信箱：pw@pup.pku.edu.cn
电　　　话：邮购部 62752015　发行部 62750672
　　　　　　编辑部 62750112　出版部 62754962
印　制　者：三河市腾飞印务有限公司
经　销　者：新华书店
　　　　　　720 毫米 × 1020 毫米　16 开本　8.75 印张　93 千字
　　　　　　2014 年 1 月第 1 版　2014 年 1 月第 1 次印刷
定　　　价：48.00 元

未经许可，不得以任何方式复制或抄袭本书之部分或全部内容。
版权所有，侵权必究
举报电话：010-62752024　电子邮箱：fd@pup.pku.edu.cn